全国职业院校汽车类专业新形态**工作手册式教材**
全国技工院校汽车类专业**工学一体化教材**



# 汽车配件管理

中德诺浩汽车职业教育研究院　组织编写
主编　吕丕华

中国劳动社会保障出版社

**内容简介**

本书是全国职业院校汽车类专业新形态工作手册式教材/全国技工院校汽车类专业工学一体化教材，由中德诺浩汽车职业教育研究院组织开发。全书共包含3个学习情境、12个学习任务，内容涵盖编写配件号、计算配件订购量、订购配件、验收到货配件、配件索赔、仓库分区、编制料位码、配件定位码放、库存盘点、盘点报告、配件营销、配件出库等内容。

本书可作为全国职业院校与技工院校汽车类专业教学用书，也可作为汽车售后服务企业相关技术人员与社会人士培训参考用书。

本套教材由吕丕华主编，本书由许智达负责编写。

**图书在版编目(CIP)数据**

汽车配件管理 / 吕丕华主编. -- 北京：中国劳动社会保障出版社，2023

全国职业院校汽车类专业新形态工作手册式教材　全国技工院校汽车类专业工学一体化教材

ISBN 978-7-5167-5976-9

Ⅰ.①汽…　Ⅱ.①吕…　Ⅲ.①汽车-配件-销售管理-职业教育-教材　Ⅳ.①F766

中国国家版本馆 CIP 数据核字（2023）第 111240 号

**中国劳动社会保障出版社出版发行**

（北京市惠新东街 1 号　邮政编码：100029）

*

北京市白帆印务有限公司印刷装订　　新华书店经销

880 毫米 ×1230 毫米　16 开本　6.5 印张　158 千字

2023 年 9 月第 1 版　　2023 年 9 月第 1 次印刷

**定价：21.00 元**

营销中心电话：400-606-6496

出版社网址：http://www.class.com.cn

http://jg.class.com.cn

# 序

当前，我国正在加快实施“中国制造 2025”计划，处于由制造大国向制造强国、由人力资源大国向人力资源强国发展的重要时期，党和国家为此制定了一系列科教兴国、人才强国的战略措施。

在人才队伍中，工作在生产一线的技能型人才是重要基础。高素质技能型人才队伍是推动经济社会发展的重要保障，职业教育是培养高素质技能型人才的主要渠道。尽管世界各国国情不同，发展职业教育的条件、政策和具体措施各异，但无论发达国家还是新兴工业化国家，均普遍重视职业教育在培养高素质技能型人才中的重要作用，把发展职业教育作为人力资源开发、振兴经济、增强国力的战略选择。

德国的职业教育水平处于世界领先地位。德国经济在世界金融危机中之所以依然稳健发展，与其因职业教育发达而拥有大量的高素质技能型人才是分不开的。完备的法律制度和各方面的高度重视，为德国的职业教育发展提供了有力保障。德国的双元制职业教育制度将劳动人事制度与教育制度有机地结合在一起。学校和企业都是培养人才的主体，并承担相应责任，学校和企业的教学计划、形式和内容虽各有侧重，但又相互联系，且均以工作任务为教学载体，将技能学习和训练、理论学习和运用有机结合，充分发挥学生在教学中的主体作用，着力培养学生承担社会责任的能力、独立发现和解决问题的能力、在实践中自主学习的能力。

改革开放以来，我国在借鉴国外先进职业教育经验方面取得了可喜成就。我国职业教育的对外交流与合作就是从借鉴和学习德国经验开始的，中德诺浩（北京）教育投资股份有限公司为此做了积极而有效的探索。

长期以来，该公司致力于引进德国的汽车职业教育资源，与德国手工业协会合作，在国内与以德国品牌为主的汽车合资企业和各类职业院校共同开展教育工作。经过多年的探索，结合我国国情，该公司成功地引进德国汽车职业教育的课程体系、教学素材和教学方法，并结合互联网手段进行了全方位本土化，在此基础上与 300 多所职业院校联手，为我国汽车维修企业培养了大批优秀人才。与此同时，该公司组织中德两国的汽车技术专家、经验丰富的维修技师和职业教育专家，共同编写了职业院校汽车类专业新形态工作手册式教材。这套教材以培养高技能人才为目标，内容选自实际操作，既“原汁原味”地吸纳了德国经验，又结合我国实际情况充实了教学内容，推动我国汽车维修技能型人才的培养与世界接轨。我期待其在我国培养国际标准汽车高技能人才方面发挥出重要作用，在中国由汽车大国向汽车强国迈进的征程中做出应有的贡献。

唐天标

（本序作者系第十一届全国人大常委会委员、第十一届全国人大教科文卫委员会副主任委员，原中国人民解放军总政治部副主任，上将军衔）

# 前言

职业教育是国民教育体系和人力资源开发的重要组成部分，肩负着培养多样化人才、传承技术技能、促进就业创业的重要职责。随着新型工业化的推进和科学技术的发展，现代职业教育体系越来越成为国家竞争力的重要支撑。为贯彻落实全国职业教育大会精神，推动现代职业教育高质量发展，加快构建现代职业教育体系，建设技能型社会，弘扬工匠精神，培养更多高素质技术技能人才、能工巧匠、大国工匠，满足我国汽车产业迅猛发展对高端技术技能型汽车人才的需求，中德诺浩在总结多年来将德国汽车职业教育中国本土化经验的基础上，编写了这套职业院校汽车类专业新形态工作手册式教材。

本套教材将理论基础和实践应用有机结合，在引领学生学习汽车专业知识的同时培养学生实际操作技能，具有以下特点：

（1）以企业一线任务为引导，将理论知识与实践技能进行完美结合。

（2）集图、文、声、像于一体，为学生提供多种形式的学习素材。

（3）采用四色印刷，版面简洁清晰、主题明确、色彩清新。

（4）本套教材配有丰富的数字化教学资源，学生可通过扫描每本书专属的封面二维码进行浏览和自学。

本套教材由中德诺浩汽车职业教育研究院组织编写，编写方式充分发挥了学生的主体地位，优化了课堂设计，便于调动学生的学习积极性和主动性，还可培养学生的创新意识和创新能力。

本套教材是职业院校汽车类专业核心课程教材，同时也可供从事汽车研究、设计、制造、使用和维修的工程技术人员学习和参考。

由于时间紧、任务重，本书内容难免有不恰当和错误之处，敬请广大读者批评指正！

编者

2022 年 10 月

# 目录
CONTENTS

# 情境一

# 配件计划与采购

# 任务一　编写配件号

## 汽车配件管理任务工单

**任务描述**

编写配件号 □　计算配件订购量 □　订购配件 □　验收到货配件 □
配件索赔 □　仓库分区 □　编制料位码 □　配件定位码放 □
库存盘点 □　盘点报告 □　配件营销 □　配件出库 □
其他：

**资料选择**

配件号编制表 □　配件采购计算表 □　配件订货单 □　配件采购合同 □
配件网络营销平台 □　配件送货单 □　配件验收单 □　出入库登记表 □
汽车配件索赔申请单 □　汽车配件外部销售单 □　汽车配件出库单 □　配件盘点明细表 □
盘点报告 □　国产汽车零部件组号和分组号编码表 □
大众系列汽车配件号主组号及子组号编码表 □
其他：

**配件信息**

| 配件类型 | 配件名称 |
|---|---|
| | |
| | |
| | |
| | |
| | |

**配件包装检查**

破损 □
脏污 □
虫蛀 □
腐蚀 □

**配件质量检查**

锈蚀 □
损坏 □
脏污 □
变形 □

**明确具体工作任务**

## 一、知识讲解

### （一）汽车配件编码的分类

我们经常见到的配件编码可以分为国产配件编码和进口配件编码两种。不同的配件编码可以使我们更好地区分配件类型。

### （二）国产配件编码表达方式

国产配件编码表达方式分为图 1–1 所示的三类。

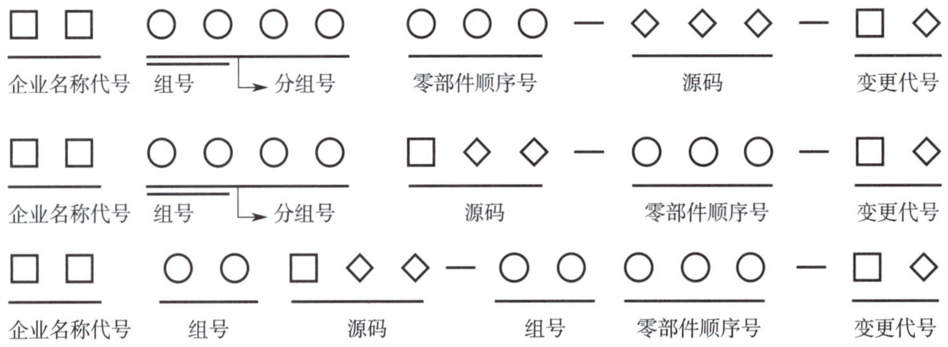


注：□表示字母，○表示数字，◇表示字母或数字。

图 1–1　国产配件编码表达方式

完整的国产汽车配件编码表达式由企业名称代号、组号、分组号、零部件顺序号、源码、变更代号构成。

企业名称代号：用两位或三位字母表示。

组号：用两位数字表示汽车各功能系统分类代号。

分组号：用四位数字表示各功能系统内分系统的分类顺序代号。

零部件顺序号：用三位数字表示功能系统内总成、分总成、子总成、单元体、零件等顺序代号。

源码：用三位字母、数字或字母与数字混合表示设计来源、车型中的构成、产品系列，由企业自定。

变更代号：用两位字母、数字或字母与数字混合组成，由企业自定。

### （三）进口配件编码表达方式

在德国大众系列中，汽车配件通过阿拉伯数字和英文字母的组合，形成一套简明、完整、精确、科学的配件号系统。每一个配件都对应一个配件号码（见图 1–2）。

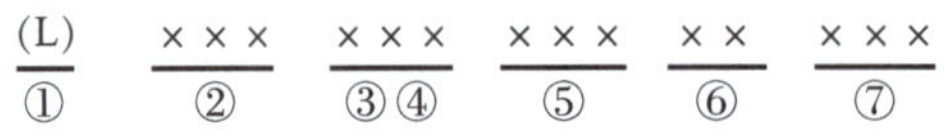


图 1–2　进口零件编码图

①为进口配件标记。当在目录中的配件号前有“L”标记时，表示它是进口配件；另外在配件号下有“LOG”标记，也表示它是进口配件。对于这些配件，在订货时应在该位置上标明“L”（见

图 1–2 )。

②为车型号，表示汽车的车型、发动机或变速器的型号。对于油漆、辅料及一部分通用件，则用 1 位或 2 位字母表示。

③为主组号，表示该零件所属的主组（主总成）。

④为子组号，表示该零件所属的子组（子总成）。

⑤为零件号。

⑥为更改标记。当零件改进后，这 2 位代码用字母或数字表示。

⑦为颜色、尺寸代码。不同的代码代表不同的颜色或尺寸变更。

## 二、任务准备

### （一）资料准备

教师完成国产配件组号和分组号编制表（见表 1–1）、配件号编制表示例（见表 1–2）、大众系列配件组号编制要求表（见表 1–3）的准备工作。

表 1–1 国产配件组号和分组号编制表

| 组号 | 分组号 |
|---|---|
| 组号 10，发动机 | 1000～1030 |
| 组号 11，供给系统 | 1100～1156 |
| 组号 12，排气系统 | 1200～1209 |
| 组号 13，冷却系统 | 1300～1314 |
| 组号 15，自动液力变速器 | 1500～1508 |
| 组号 16，离合器 | 1600～1609 |
| 组号 17，变速器 | 1700～1722 |
| 组号 18，分动器 | 1800～1807 |
| 组号 20，超速器 | 2000～2004 |
| 组号 21，电动汽车驱动系统 | 2100～2151 |
| 组号 22，传动轴 | 2200～2241 |
| 组号 23，前桥 | 2300～2311 |
| 组号 24，后桥 | 2400～2409 |
| 组号 25，中桥 | 2500～2513 |
| 组号 27，支撑连接装置 | 2700～2741 |
| 组号 28，车架 | 2800～2810 |
| 组号 29，汽车悬架 | 共 21 个，2900～2965 |
| 组号 30，前轴 | 3000～3011 |
| 组号 31，车轮及轮毂 | 3100～3113 |
| 组号 32，附加桥（附加轴） | 3200～3203 |

续表

| 组号 | 分组号 |
|---|---|
| 组号 33，后轴 | 3300～3303 |
| 组号 34，转向系统 | 3400～3418 |
| 组号 35，制动系统 | 3500～3568 |

表 1-2　配件号编制表示例

| 序号 | 配件名称 | 配件号 |
|---|---|---|
| | | |
| | | |
| | | |

表 1-3　大众系列配件组号编制要求表

| 分类 | 组号 | 内容 |
|---|---|---|
| 第 1 大类：发动机及燃油喷射系统 | 100 | 发动机或发动机总成 |
| | 103 | 气缸体、气缸盖、气门室、通风软管、油底壳 |
| | 105 | 曲轴、飞轮、曲轴带轮 |
| | 107 | 活塞、活塞环 |
| | 109 | 配气机构，包括进气门和排气门、凸轮轴、正时齿轮、正时齿轮罩、传动带等 |
| | 115 | 机油泵、机油滤清器、托架、油标尺 |
| | 121 | 发动机冷却系统，包括冷却液泵、散热器、进水管和出水管、风扇等 |
| | 127 | 燃油泵（化油器车用）、燃油储压器、连接软管 |
| | 129 | 化油器及进气系统，包括空气滤清器、进气歧管等 |
| | 133 | 喷射式发动机用的喷油器、燃油管路、冷启动阀、压力调节器、燃油计量阀（其中包括空气滤清器总成及空气计量阀）等 |
| | 141 | 离合器、离合器压盘、离合器片、分离轴承 |
| | 145 | 转向助力泵、涡轮增压器、增压空气冷却器 |
| | 198 | 修理包，包括气缸体密封件、活塞环、连杆、止推垫圈、轴瓦等 |
| | 199 | 发动机悬置件 |
| 第 2 大类：油箱 / 排气系统 / 空调系统 | 201 | 供油系统，包括油箱、燃油管路、燃油滤清器及燃油泵 |
| | 253 | 排气歧管及排气消声器 |
| | 260 | 空调设备的制冷循环系统，包括蒸发器、膨胀阀、压缩机、冷凝器、制冷软管、高压开关和低压开关 |
| | 298 | 修理包，包括磁性离合器的一套附件等 |

续表

| 分类 | 组号 | 内容 |
|---|---|---|
| 第 3 大类：变速器 | 300 | 变速器总成 |
| | 301 | 机械变速器壳体、变速器与发动机之间的连接部件 |
| | 311 | 4 速和 5 速变速器所有的齿轮、轴及换挡拨叉等 |
| | 321 | 自动变速器壳体 |
| | 322 | 自动变速器前进挡、直接挡、倒挡齿轮离合器，液力变矩器 |

## （二）配件准备

在下列图片中勾选出本组所领取到的配件。

| | | | |
|---|---|---|---|
|  |  | 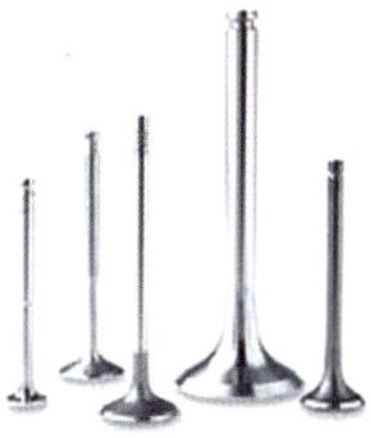 |  |
| 活塞 | 飞轮 | 气门 | 正时链条 |
| | | | |
| 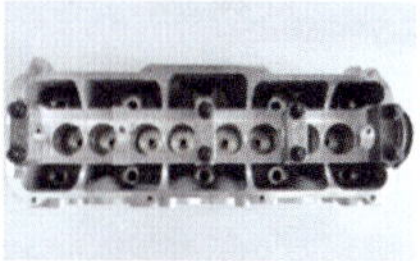 |  |  |  |
| 气缸盖 | 曲轴 | 凸轮轴 | 机油泵 |
| | | | |
|  |  |  |  |
| 正时齿轮 | 节温器 | 发电机 | 起动机 |
| | | | |
| 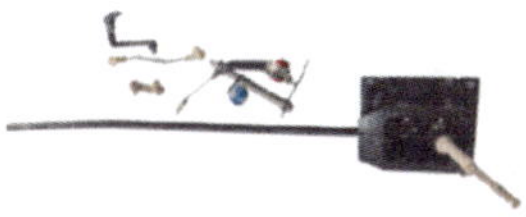 | 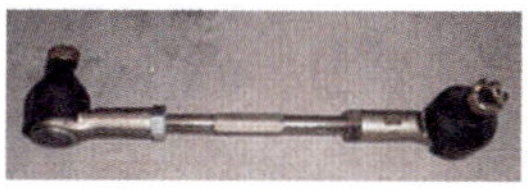 |  |  |
| 变速器换挡机构 | 转向拉杆 | 后减振器 | 动力转向器 |
| | | | |

| | | | |
|---|---|---|---|
|  | 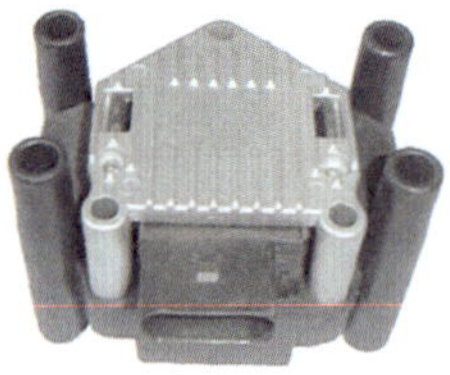 |  |  |
| 蓄电池 | 点火线圈 | 喇叭继电器 | ABS 传感器 |
| | | | |
| 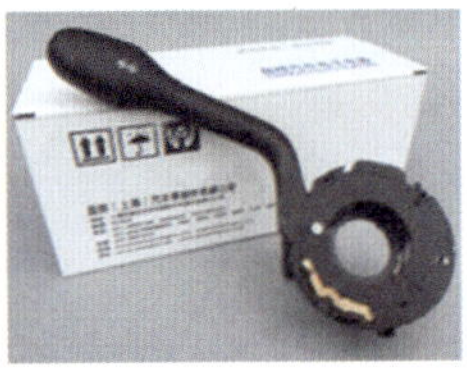 |  |  | 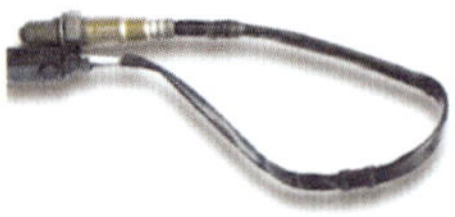 |
| 转向组合开关 | 喇叭 | 点火开关 | 氧传感器 |
| | | | |
|  | 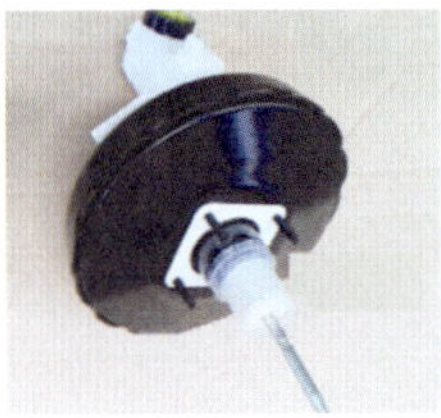 |  |  |
| 前制动盘 | 制动助力器 | 轮胎 | 自动变速器阀体 |
| | | | |
|  |  |  |  |
| 轮毂 | 变速器齿轮 | 机油滤清器 | 燃油滤清器 |
| | | | |
|  |  |  |  |
| 空气滤清器 | 空调滤清器 | 雨刮片 | 前制动片 |
| | | | |

| | | | |
|---|---|---|---|
|  | 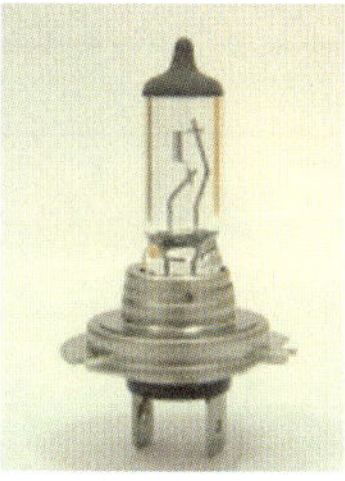 |  |  |
| 火花塞 | 灯泡 | 冷却液 | 传动带 |
| | | | |

## 三、任务分配（见表 1-4）

表 1-4　任务分配表

| 职务 | 代码 | 姓名 | 工作内容 |
|---|---|---|---|
| 组长 | A | | 监督、管理组员工作 |
| 组员 | B | | 准备配件号编制资料手册 |
| | C | | |
| | D | | 领取待编写配件号的配件 |
| | E | | |
| | F | | |

## 四、任务实施

### （一）实施 1

将教师分配给各个小组的配件进行配件号的编写，并填入表格中（见表 1-5）。

表 1-5　配件编号表 1

| 序号 | 配件名称 | 配件号 |
|---|---|---|
| 1 | | |
| 2 | | |
| 3 | | |
| 4 | | |
| 5 | | |

### （二）实施 2

将教师分配给各个小组的配件进行配件号的编写，并填入表格中（见表 1-6）。

表 1-6　配件编号表 2

| 序号 | 配件名称 | 配件号 |
|---|---|---|
| 1 | | |
| 2 | | |
| 3 | | |
| 4 | | |
| 5 | | |

## （三）实施 3

将教师分配给各个小组的配件进行配件号的编写，并填入表格中（见表 1–7）。

表 1-7　配件编号表 3

| 序号 | 配件名称 | 配件号 |
|---|---|---|
| 1 | | |
| 2 | | |
| 3 | | |
| 4 | | |
| 5 | | |

## （四）实施 4

将教师分配给各个小组的配件进行配件号的编写，并填入表格中（见表 1–8）。

表 1-8　配件编号表 4

| 序号 | 配件名称 | 配件号 |
|---|---|---|
| 1 | | |
| 2 | | |
| 3 | | |
| 4 | | |
| 5 | | |

## （五）实施 5

将教师分配给各个小组的配件进行配件号的编写，并填入表格中（见表 1–9）。

表 1-9　配件编号表 5

| 序号 | 配件名称 | 配件号 |
|---|---|---|
| 1 | | |
| 2 | | |
| 3 | | |
| 4 | | |
| 5 | | |

### （六）实施 6

将教师分配给各个小组的配件进行配件号的编写，并填入表格中（见表 1–10）。

表 1–10　配件编号表 6

| 序号 | 配件名称 | 配件号 |
|---|---|---|
| 1 | | |
| 2 | | |
| 3 | | |
| 4 | | |
| 5 | | |

## 五、检查

### （一）自检

结合本组的任务实施过程，对项目完成情况进行检查，填写表 1–11。

表 1–11　自检

| 检查项目 | 检查结果 |
|---|---|
| 配件名称填写是否正确 | 是□　否□ |
| 配件号编写是否正确 | 是□　否□ |
| 配件组号选择是否正确 | 是□　否□ |
| 配件分类是否正确 | 是□　否□ |

### （二）互检

组与组之间相互进行项目完成情况检查，填写表 1–12。

表 1–12　互检

| 检查项目 | 检查结果 |
|---|---|
| 配件名称填写是否正确 | 是□　否□ |
| 配件号编写是否正确 | 是□　否□ |
| 配件组号选择是否正确 | 是□　否□ |
| 配件分类是否正确 | 是□　否□ |

## 六、课堂小结

# 任务二　计算配件订购量

| 汽车配件管理任务工单 | | | | |
|---|---|---|---|---|
| 任务描述 | 编写配件号 □ | 计算配件订购量 □ | 订购配件 □ | 验收到货配件 □ |
| | 配件索赔 □ | 仓库分区 □ | 编制料位码 □ | 配件定位码放 □ |
| | 库存盘点 □ | 盘点报告 □ | 配件营销 □ | 配件出库 □ |
| | 其他： | | | |
| 资料选择 | 配件号编制表 □ | 配件采购计算表 □ | 配件订货单 □ | 配件采购合同 □ |
| | 配件网络营销平台 □ | 配件送货单 □ | 配件验收单 □ | 出入库登记表 □ |
| | 汽车配件索赔申请单 □ | 汽车配件外部销售单 □ | 汽车配件出库单 □ | 配件盘点明细表 □ |
| | 盘点报告 □ | 国产汽车零部件组号和分组号编码表 □ | | |
| | 大众系列汽车配件号主组号及子组号编码表 □ | | | |
| | 其他： | | | |

| 配件信息 | 配件类型 | 配件名称 |
|---|---|---|
| | | |
| | | |
| | | |
| | | |
| | | |

| 配件包装检查 | | 配件质量检查 | |
|---|---|---|---|
| 破损 □ |  | 锈蚀 □ | 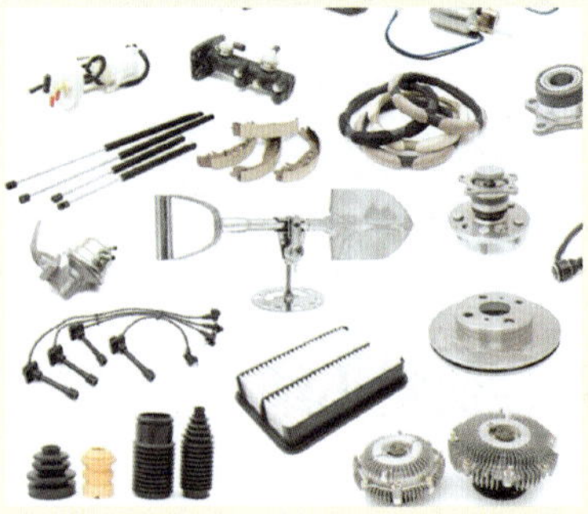 |
| 脏污 □ | | 损坏 □ | |
| 虫蛀 □ | | 脏污 □ | |
| 腐蚀 □ | | 变形 □ | |

| 明确具体工作任务 | |
|---|---|
| | |

# 一、知识讲解

## （一）配件部门采购配件

配件部门定期采购配件是为了满足客户需求，及时供应零部件，以最合理的库存获取最大的经营收益。针对每个配件，确定库存数量，在考虑订货周期、在途配件、安全库存的前提下，保证及时供应配件。

## （二）配件采购数量计算

月均需求采用前 6 个月的每月需求量来计算，含常规的客户预订数和流失的业务需求。月均需求 = $\frac{N_1\times1+N_2\times2+N_3\times3+N_4\times4+N_5\times5+N_6\times6}{1+2+3+4+5+6}$，公式中 $N_1$ 表示往前第 6 个月份的配件销售数量，$N_2$ 表示往前第 5 个月份的配件销售数量……

到货周期是配件从订货到货物进入仓库为止的时间，单位为月。订货周期是相邻 2 次订货所间隔的时间，单位为月。

安全库存周期是考虑到货期延迟和特殊需求两个因素影响，必须在仓库中保有一定量的安全库存而制订的。安全库存周期 =（到货期 + 订货期）× 0.7。

客户预订数是指无库存时的客户预订的配件数。在库数是指订货时的现有库存数量。在途数是指已订货尚未到货的配件数。

订货量 = 月均需求 ×（到货周期 + 订货周期 + 安全库存周期）+ 客户预订数 – 在库数 – 在途数

# 二、任务准备

## （一）工具准备

| | |
|---|---|
|  | 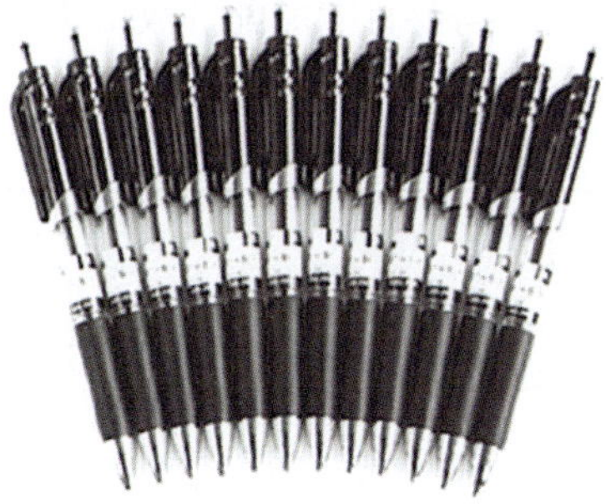 |
| 计算器 | 水笔 |

## （二）资料准备（见表 2-1）

表 2-1　配件采购计算表（示例）

| 配件采购计算表 | | | | | | | | | | | |
|---|---|---|---|---|---|---|---|---|---|---|---|
| 序号 | 配件名称 | 月份 | | | | | | 库存数 | 在途数 | 客户预订数 | 本次订量 |
| | | 1 | 2 | 3 | 4 | 5 | 6 | | | | |
| 1 | 机油滤清器 | 60 | 75 | 90 | 110 | 95 | 80 | 30 | 0 | 0 | |
| 2 | 燃油滤清器 | 45 | 55 | 58 | 62 | 58 | 46 | 0 | 20 | 10 | |
| 3 | 空气滤清器 | 35 | 42 | 48 | 40 | 45 | 38 | 5 | 10 | 0 | |
| 4 | 制动片 | 12 | 8 | 15 | 7 | 14 | 9 | 4 | 0 | 2 | |

# 三、任务分配（见表 2-2）

表 2-2　任务分配表

| 职务 | 代码 | 姓名 | 工作内容 |
|---|---|---|---|
| 组长 | A | | 监督、管理组员工作 |
| 组员 | B | | 准备计算工具、稿纸，审核计算过程 |
| | C | | |
| | D | | 准确完成计算，验证计算结果 |
| | E | | |
| | F | | |

# 四、任务实施

## （一）实施 1

计算表格中需要订购的配件数量（见表 2–3）。

表 2-3　订购数量统计 1

| 序号 | 配件名称 | 月份 | | | | | | 库存数 | 在途数 | 客户预订数 | 本次订量 |
|---|---|---|---|---|---|---|---|---|---|---|---|
| | | 1 | 2 | 3 | 4 | 5 | 6 | | | | |
| 1 | 活塞 | 34 | 28 | 57 | 41 | 39 | 55 | 18 | 0 | 0 | |
| 2 | 气门 | 15 | 23 | 19 | 30 | 28 | 25 | 8 | 5 | 0 | |
| 3 | 正时链条 | 8 | 6 | 14 | 9 | 5 | 0 | 0 | 2 | 3 | |
| 4 | 节温器 | 18 | 13 | 10 | 14 | 8 | 14 | 3 | 2 | 0 | |
| 5 | 连杆 | 6 | 8 | 5 | 12 | 9 | 7 | 0 | 3 | 2 | |
| 配件订货周期为 7 天，到货周期为 6 天 | | | | | | | | | | | |

## （二）实施 2

计算表格中需要订购的配件数量（见表 2–4）。

表 2-4 订购数量统计 2

| 序号 | 配件名称 | 月份 | | | | | | 库存数 | 在途数 | 客户预订数 | 本次订量 |
|---|---|---|---|---|---|---|---|---|---|---|---|
| | | 1 | 2 | 3 | 4 | 5 | 6 | | | | |
| 1 | 蓄电池 | 20 | 16 | 10 | 15 | 8 | 6 | 1 | 3 | 4 | |
| 2 | 起动机 | 2 | 5 | 12 | 25 | 35 | 24 | 0 | 5 | 4 | |
| 3 | 喇叭 | 15 | 8 | 7 | 6 | 6 | 12 | 1 | 4 | 0 | |
| 4 | 左前照灯 | 28 | 20 | 32 | 35 | 27 | 30 | 9 | 0 | 14 | |
| 5 | 转向组合开关 | 5 | 0 | 3 | 4 | 5 | 3 | 1 | 0 | 1 | |
| 配件订货周期为 7 天，到货周期为 6 天 | | | | | | | | | | | |

## （三）实施 3

计算表格中需要订购的配件数量（见表 2-5）。

表 2-5 订购数量统计 3

| 序号 | 配件名称 | 月份 | | | | | | 库存数 | 在途数 | 客户预订数 | 本次订量 |
|---|---|---|---|---|---|---|---|---|---|---|---|
| | | 1 | 2 | 3 | 4 | 5 | 6 | | | | |
| 1 | 离合器总成 | 10 | 12 | 6 | 6 | 8 | 4 | 2 | 0 | 5 | |
| 2 | 减振器 | 5 | 3 | 7 | 4 | 6 | 4 | 0 | 2 | 0 | |
| 3 | 制动盘 | 3 | 3 | 2 | 5 | 4 | 3 | 1 | 0 | 2 | |
| 4 | 半轴 | 1 | 0 | 2 | 3 | 4 | 3 | 1 | 1 | 3 | |
| 5 | 轮胎 | 20 | 24 | 12 | 16 | 18 | 10 | 6 | 0 | 0 | |
| 配件订货周期为 7 天，到货周期为 6 天 | | | | | | | | | | | |

## （四）实施 4

计算表格中需要订购的配件数量（见表 2-6）。

表 2-6 订购数量统计 4

| 序号 | 配件名称 | 月份 | | | | | | 库存数 | 在途数 | 客户预订数 | 本次订量 |
|---|---|---|---|---|---|---|---|---|---|---|---|
| | | 1 | 2 | 3 | 4 | 5 | 6 | | | | |
| 1 | 汽油滤清器 | 120 | 105 | 114 | 135 | 124 | 118 | 30 | 20 | 0 | |
| 2 | 空调滤清器 | 58 | 65 | 60 | 72 | 68 | 85 | 35 | 15 | 8 | |
| 3 | 润滑油 | 140 | 125 | 154 | 148 | 132 | 126 | 40 | 30 | 20 | |
| 4 | 制动液 | 80 | 65 | 60 | 72 | 68 | 50 | 20 | 10 | 0 | |
| 5 | 冷却液 | 105 | 110 | 94 | 85 | 73 | 44 | 30 | 0 | 0 | |
| 配件订货周期为 7 天，到货周期为 6 天 | | | | | | | | | | | |

## 五、检查

### （一）自检

结合本组的任务实施过程，对项目完成情况进行检查，填写表 2-7。

表 2-7　自检

| 检查项目 | 检查结果 |
| --- | --- |
| 计算公式使用是否正确 | 是 □　否 □ |
| 配件订购数量计算是否正确 | 是 □　否 □ |

### （二）互检

组与组之间相互进行项目完成情况检查，填写表 2-8。

表 2-8　互检

| 检查项目 | 检查结果 |
| --- | --- |
| 计算公式使用是否正确 | 是 □　否 □ |
| 配件订购数量计算是否正确 | 是 □　否 □ |

## 六、课堂小结

________________________________________

________________________________________

________________________________________

# 任务三　订购配件

<table>
<tr><th colspan="4">汽车配件管理任务工单</th></tr>
<tr><td>任务描述</td><td colspan="3">编写配件号 □　计算配件订购量 □　订购配件 □　验收到货配件 □<br>配件索赔 □　仓库分区 □　编制料位码 □　配件定位码放 □<br>库存盘点 □　盘点报告 □　配件营销 □　配件出库 □<br>其他：</td></tr>
<tr><td>资料选择</td><td colspan="3">配件号编制表 □　配件采购计算表 □　配件订货单 □　配件采购合同 □<br>配件网络营销平台 □　配件送货单 □　配件验收单 □　出入库登记表 □<br>汽车配件索赔申请单 □　汽车配件外部销售单 □　汽车配件出库单 □　配件盘点明细表 □<br>盘点报告 □　国产汽车零部件组号和分组号编码表 □<br>大众系列汽车配件号主组号及子组号编码表 □<br>其他：</td></tr>
<tr><td rowspan="6">配件信息</td><td>配件类型</td><td colspan="2">配件名称</td></tr>
<tr><td></td><td colspan="2"></td></tr>
<tr><td></td><td colspan="2"></td></tr>
<tr><td></td><td colspan="2"></td></tr>
<tr><td></td><td colspan="2"></td></tr>
<tr><td></td><td colspan="2"></td></tr>
<tr><th colspan="2">配件包装检查</th><th colspan="2">配件质量检查</th></tr>
<tr><td>破损 □<br>脏污 □<br>虫蛀 □<br>腐蚀 □</td><td></td><td>锈蚀 □<br>损坏 □<br>脏污 □<br>变形 □</td><td>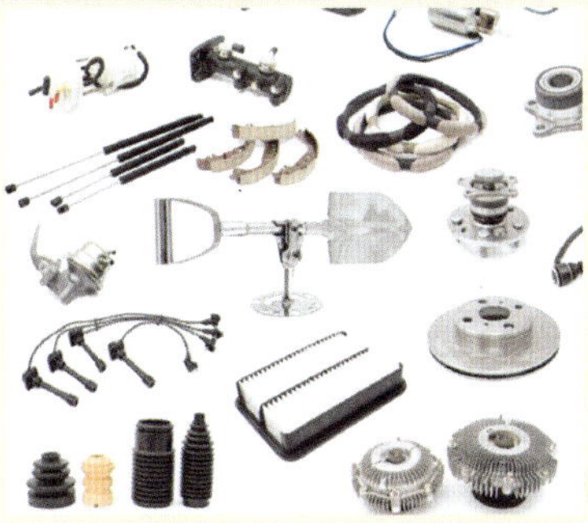</td></tr>
<tr><td>明确具体工作任务</td><td colspan="3"></td></tr>
</table>

## 一、知识讲解

### （一）配件采购

配件采购的途径分为厂家订购和店内自主采购，配件采购的方法有到店采购、电话订购送货上门、网络 / 系统采购。

网络采购是以计算机和网络技术为载体，通过网络寻找产品及供应商资源，并对目标产品进行性能和价格对比，并将网上信息处理和网下实际采购操作过程相结合的一种新的采购模式。这种采购模式是网络时代增强企业竞争力、降低成本、提高经济效益的最佳模式。

### （二）配件订购

配件库在确认所需订购配件名称、配件号、数量等相关信息后，需要向所要购买配件的卖家提交配件订货单，以便双方进行核对和确认。

编制配件订货单的工作流程为：填写配件订货单基本信息 ➡ 确认配件种类及订货数量 ➡ 选择运输方式 ➡ 订单提交并审核 ➡ 订单跟踪及缺货处理。

配件采购合同是由开头、正文、结尾构成的。开头包括合同编号、供需双方名称、签订地点、签订时间，正文包括标的、名称、价格、数量、规格、违约责任、运输等各项费用、运输方式、结算方式、交货地点、检验条款、签订人姓名，结尾包括合同生效日期、解决争议的办法、双方公章。

### （三）发票

发票是指一切单位、个人在购销商品，提供或接受劳务、服务，以及从事其他经营活动，所提供给对方的收付款的书面证明，是财务收支的法定凭证，是会计核算的原始依据，也是审计机关、税务机关执法检查的重要依据。

发票的作用：

1. 记录经营活动的一种原始证明。
2. 加强财务会计管理，保护国家财产安全的重要手段。
3. 税务稽查的重要依据。
4. 维护社会秩序的重要工具。

发票具有证明作用，在一定条件下还有合同的性质。发票分为普通发票和增值税发票。增值税发票又分为增值税普通发票和增值税专用发票（见图 3–1）。普通发票主要由营业税纳税人和增值税小规模纳税人使用，增值税一般纳税人在不能开具专用发票的情况下也可使用普通发票。增值税专用发票是我国实施新税制的产物，是国家税务部门根据增值税征收管理需要而设定的，专用于纳税人销售或者提供增值税应税项目的一种发票。增值税专用发票是可以抵扣进项税的，一般来说至少有三联，分别是发票联、抵扣联、记账联。增值税普通发票不可以抵扣进项税，一般来说有两联，分别是发票联和记账联。

增值税专用发票既具有普通发票所具有的内涵，同时又具有比普通发票更特殊的作用。它不仅是记载商品销售额和增值税税额的财务收支凭证，而且是兼记销货方纳税义务和购货方进项税额的合法证明，是购货方据以抵扣税款的法定凭证，对增值税的计算起着关键作用。

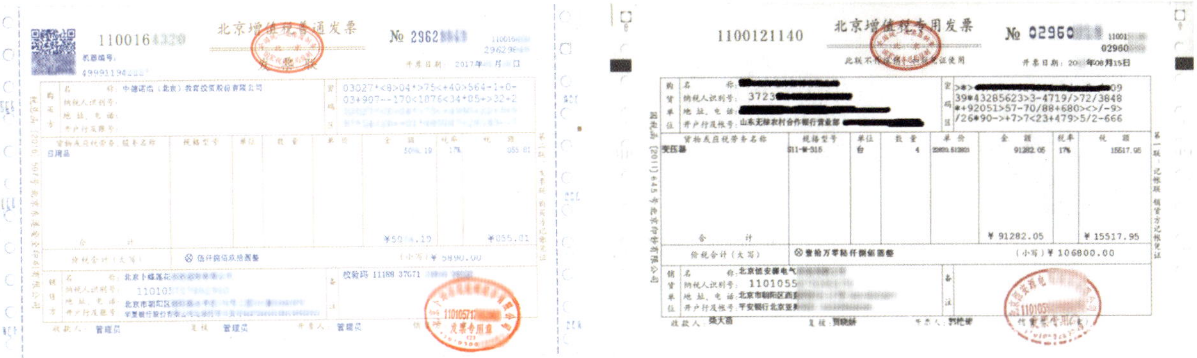

图 3-1 增值税发票示例图

## 二、任务准备

### （一）工具准备

| | |
|---|---|
|  | 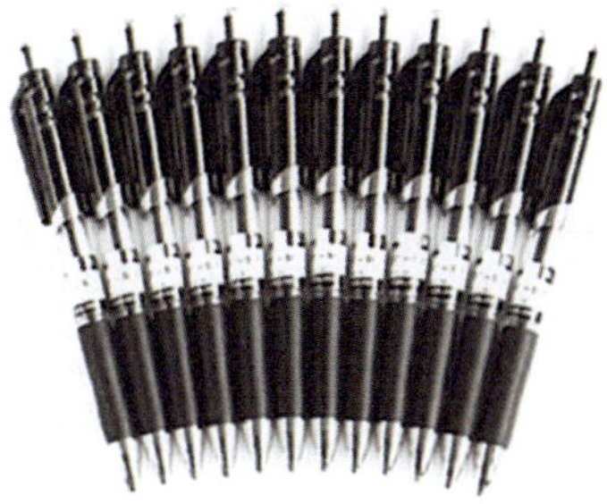 |
| 计算器 | 水笔 |

### （二）资料准备

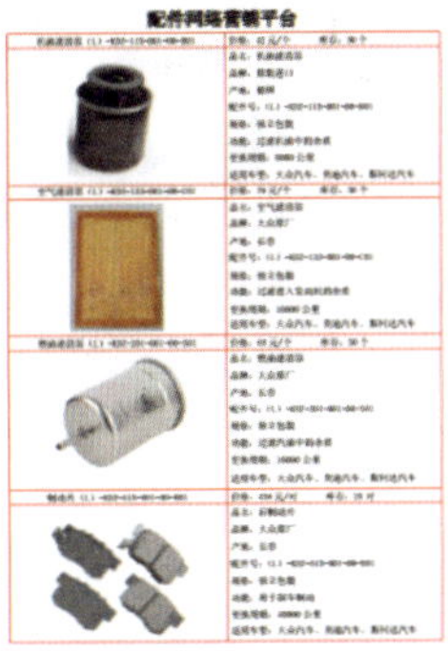

配件订货单

| | | | | | | | |
|---|---|---|---|---|---|---|---|
| 订单号 | | 提货方式 | □ 自提<br>□ 送货 | 订货日期 | | 到货日期 | |
| 订单类型 | □ 普通<br>□ 加急 | 供应商 | | | 订货人 | | |
| 配件号 | | 配件名称 | | 单位 | 单价 | 数量 | 订货金额 |
| | | | | | | | |
| | | | | | | | |
| | | | | | | | |
| | | | | | | | |
| 订货金额 元 | | | | | | | |

| 配件网络营销平台 | 配件订货单 | 汽车配件采购合同 |
|---|---|---|

### （三）配件准备

在下列图片中勾选出本组所领取到的配件。

| | | | |
|---|---|---|---|
|  |  | 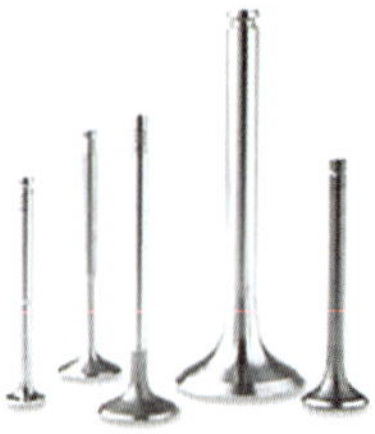 |  |
| 活塞 | 飞轮 | 气门 | 正时链条 |
| | | | |
| 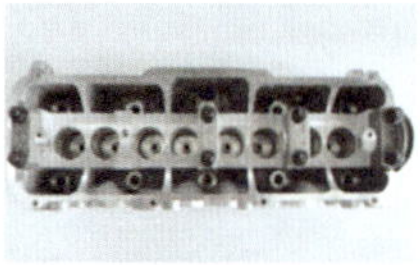 |  |  |  |
| 气缸盖 | 曲轴 | 凸轮轴 | 机油泵 |
| | | | |
|  |  |  |  |
| 正时齿轮 | 节温器 | 发电机 | 起动机 |
| | | | |
|  | 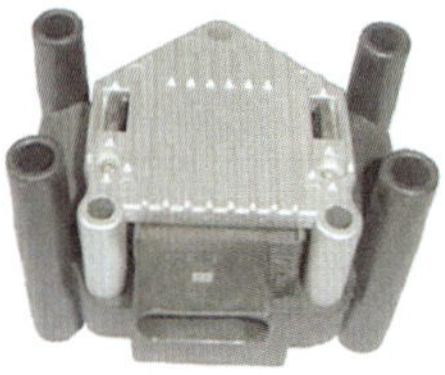 |  |  |
| 蓄电池 | 点火线圈 | 喇叭继电器 | ABS 传感器 |
| | | | |
| 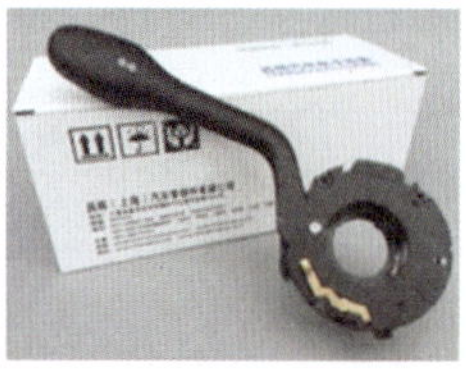 |  |  |  |
| 转向组合开关 | 喇叭 | 点火开关 | 氧传感器 |
| | | | |

| | | | |
|---|---|---|---|
| 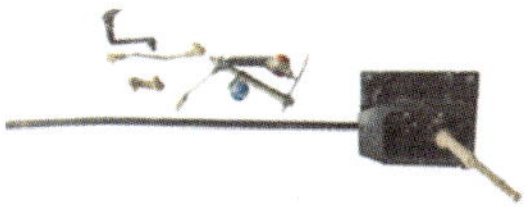 |  |  | 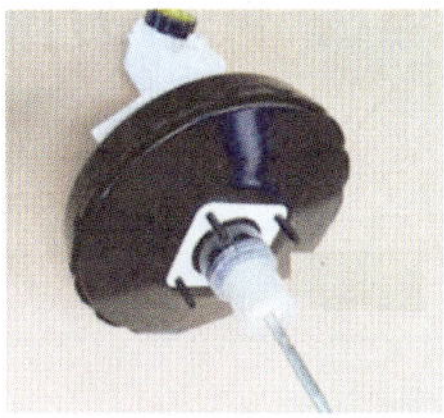 |
| 变速器换挡机构 | 转向拉杆 | 后减振器 | 制动助力器 |
| | | | |
|  |  |  | 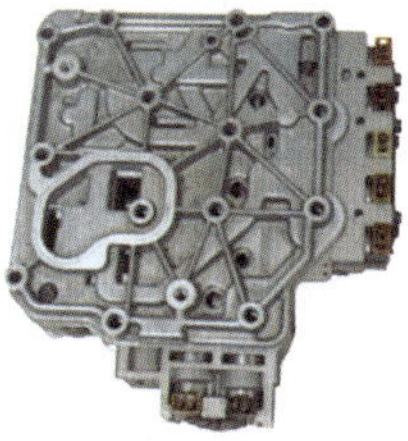 |
| 前制动盘 | 动力转向器 | 轮胎 | 自动变速器阀体 |
| | | | |
|  |  |  |  |
| 轮毂 | 变速器齿轮 | 机油滤清器 | 燃油滤清器 |
| | | | |
|  |  |  | 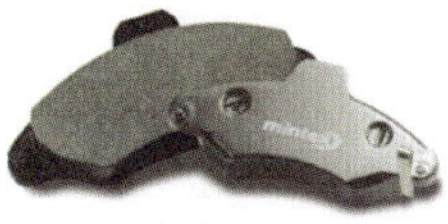 |
| 空气滤清器 | 空调滤清器 | 雨刮片 | 前制动片 |
| | | | |
|  | 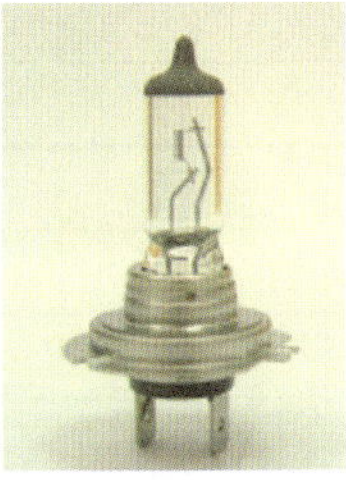 |  |  |
| 火花塞 | 灯泡 | 冷却液 | 传动带 |
| | | | |

## 三、任务分配（见表 3-1）

表 3-1　任务分配表

<table>
<tr><th>职务</th><th>代码</th><th>姓名</th><th>工作内容</th></tr>
<tr><td>组长</td><td>A</td><td></td><td>监督、管理组员工作</td></tr>
<tr><td rowspan="5">组员</td><td>B</td><td></td><td rowspan="2">准备工具、设备和维修手册</td></tr>
<tr><td>C</td><td></td></tr>
<tr><td>D</td><td></td><td rowspan="3">领取所要订购的配件</td></tr>
<tr><td>E</td><td></td></tr>
<tr><td>F</td><td></td></tr>
</table>

## 四、任务实施

### （一）实施 1

通过网络采购平台确认配件价格、数量等内容，然后填写配件订货单（见表 3-2），并签订配件采购合同。

表 3-2　配件订货单 1

<table>
<tr><td>订单号</td><td></td><td>提货方式</td><td>□ 自提　□ 送货</td><td>订货日期</td><td></td><td>到货日期</td><td></td></tr>
<tr><td>订单类型</td><td>□ 普通　□ 加急</td><td>供应商</td><td colspan="2"></td><td>订货人</td><td colspan="2"></td></tr>
<tr><td colspan="2">配件号</td><td colspan="2">配件名称</td><td>单位</td><td>单价</td><td>数量</td><td>订货金额</td></tr>
<tr><td colspan="2"></td><td colspan="2"></td><td></td><td></td><td></td><td></td></tr>
<tr><td colspan="2"></td><td colspan="2"></td><td></td><td></td><td></td><td></td></tr>
<tr><td colspan="2"></td><td colspan="2"></td><td></td><td></td><td></td><td></td></tr>
<tr><td colspan="2"></td><td colspan="2"></td><td></td><td></td><td></td><td></td></tr>
<tr><td colspan="8">订货金额　　　　元</td></tr>
</table>

### （二）实施 2

通过网络采购平台确认配件价格、数量等内容，然后填写配件订货单（见表 3-3），并签订配件采购合同。

表 3-3　配件订货单 2

<table>
<tr><td>订单号</td><td></td><td>提货方式</td><td>□ 自提　□ 送货</td><td>订货日期</td><td></td><td>到货日期</td><td></td></tr>
<tr><td>订单类型</td><td>□ 普通　□ 加急</td><td>供应商</td><td colspan="2"></td><td>订货人</td><td colspan="2"></td></tr>
<tr><td colspan="2">配件号</td><td colspan="2">配件名称</td><td>单位</td><td>单价</td><td>数量</td><td>订货金额</td></tr>
<tr><td colspan="2"></td><td colspan="2"></td><td></td><td></td><td></td><td></td></tr>
<tr><td colspan="2"></td><td colspan="2"></td><td></td><td></td><td></td><td></td></tr>
<tr><td colspan="2"></td><td colspan="2"></td><td></td><td></td><td></td><td></td></tr>
<tr><td colspan="2"></td><td colspan="2"></td><td></td><td></td><td></td><td></td></tr>
<tr><td colspan="2"></td><td colspan="2"></td><td></td><td></td><td></td><td></td></tr>
<tr><td colspan="8">订货金额　　　　元</td></tr>
</table>

## （三）实施 3

通过网络采购平台确认配件价格、数量等内容，然后填写配件订货单（见表 3–4），并签订配件采购合同。

表 3–4　配件订货单 3

<table>
<tr><td>订单号</td><td></td><td>提货方式</td><td>□ 自提　□ 送货</td><td>订货日期</td><td></td><td>到货日期</td><td></td></tr>
<tr><td>订单类型</td><td>□ 普通　□ 加急</td><td>供应商</td><td colspan="2"></td><td>订货人</td><td colspan="2"></td></tr>
<tr><td colspan="2">配件号</td><td colspan="2">配件名称</td><td>单位</td><td>单价</td><td>数量</td><td>订货金额</td></tr>
<tr><td colspan="2"></td><td colspan="2"></td><td></td><td></td><td></td><td></td></tr>
<tr><td colspan="2"></td><td colspan="2"></td><td></td><td></td><td></td><td></td></tr>
<tr><td colspan="2"></td><td colspan="2"></td><td></td><td></td><td></td><td></td></tr>
<tr><td colspan="2"></td><td colspan="2"></td><td></td><td></td><td></td><td></td></tr>
<tr><td colspan="2"></td><td colspan="2"></td><td></td><td></td><td></td><td></td></tr>
<tr><td colspan="8">订货金额　　　　元</td></tr>
</table>

## （四）实施 4

通过网络采购平台确认配件价格、数量等内容，然后填写配件订货单（见表 3–5），并签订配件采购合同。

表 3–5　配件订货单 4

<table>
<tr><td>订单号</td><td></td><td>提货方式</td><td>□ 自提　□ 送货</td><td>订货日期</td><td></td><td>到货日期</td><td></td></tr>
<tr><td>订单类型</td><td>□ 普通　□ 加急</td><td>供应商</td><td colspan="2"></td><td>订货人</td><td colspan="2"></td></tr>
<tr><td colspan="2">配件号</td><td colspan="2">配件名称</td><td>单位</td><td>单价</td><td>数量</td><td>订货金额</td></tr>
<tr><td colspan="2"></td><td colspan="2"></td><td></td><td></td><td></td><td></td></tr>
<tr><td colspan="2"></td><td colspan="2"></td><td></td><td></td><td></td><td></td></tr>
<tr><td colspan="2"></td><td colspan="2"></td><td></td><td></td><td></td><td></td></tr>
<tr><td colspan="2"></td><td colspan="2"></td><td></td><td></td><td></td><td></td></tr>
<tr><td colspan="2"></td><td colspan="2"></td><td></td><td></td><td></td><td></td></tr>
<tr><td colspan="8">订货金额　　　　元</td></tr>
</table>

## （五）实施 5

通过网络采购平台确认配件价格、数量等内容，然后填写配件订货单（见表 3–6），并签订配件采购合同。

表 3-6 配件订货单 5

| 订单号 | | 提货方式 | □ 自提 □ 送货 | 订货日期 | | 到货日期 | |
|---|---|---|---|---|---|---|---|
| 订单类型 | □ 普通 □ 加急 | 供应商 | | | 订货人 | | |
| 配件号 | | 配件名称 | | 单位 | 单价 | 数量 | 订货金额 |
| | | | | | | | |
| | | | | | | | |
| | | | | | | | |
| | | | | | | | |
| | | | | | | | |
| 订货金额 元 | | | | | | | |

## （六）实施 6

学习采购合同填写要求，签订汽车配件采购合同。

**汽车配件采购合同**

合同编号：

购货方： （以下简称甲方）

供货方： （以下简称乙方）

签订地点：

为了维护甲、乙双方的合法权益，买卖双方根据《中华人民共和国民法典》及国家有关法律、法规，双方本着互惠互利、诚实信用、友好合作、共同发展的基本原则，经双方友好协商一致，同意签订本合同，共同遵守。

采购合同的关键条款

汽车配件的品种、品牌、规格、型号、质量、数量、包装、价格

履行的期限 年 月 日至 年 月 日

履行的地点和交货方式

地址：

费用负担的分摊

结算方式

违约责任

合同担保

合同的变更与解除

未尽事宜

购货方（甲方）　　　　　　　　　　供货方（乙方）

（公章）　　　　　　　　　　　　　（公章）

代表人　　　　　　　　　　　　　　代表人

地址　　　　　　　　　　　　　　　地址

电话　　　　　　　　　　　　　　　电话

年　月　日　　　　　　　　　　　　年　月　日

## 五、检查

### （一）自检

结合本组的任务实施过程，对项目完成情况进行检查，填写表 3–7。

表 3–7　自检

| 检查项目 | 检查结果 |
| --- | --- |
| 配件订货单填写是否正确完整 | 是 □　否 □ |
| 配件订购相关信息填写是否正确 | 是 □　否 □ |
| 配件订购金额是否正确 | 是 □　否 □ |
| 汽车配件采购合同填写是否完整 | 是 □　否 □ |

### （二）互检

组与组之间相互进行项目完成情况检查，填写表 3–8。

表 3–8　互检

| 检查项目 | 检查结果 |
| --- | --- |
| 配件订货单填写是否正确完整 | 是 □　否 □ |
| 配件订购相关信息填写是否正确 | 是 □　否 □ |
| 配件订购金额是否正确 | 是 □　否 □ |
| 汽车配件采购合同填写是否完整 | 是 □　否 □ |

## 六、课堂小结

# 任务四　验收到货配件

| 汽车配件管理任务工单 | |
|---|---|
| 任务描述 | 编写配件号 □　计算配件订购量 □　订购配件 □　验收到货配件 □<br>配件索赔 □　仓库分区 □　编制料位码 □　配件定位码放 □<br>库存盘点 □　盘点报告 □　配件营销 □　配件出库 □<br>其他： |
| 资料选择 | 配件号编制表 □　配件采购计算表 □　配件订货单 □　配件采购合同 □<br>配件网络营销平台 □　配件送货单 □　配件验收单 □　出入库登记表 □<br>汽车配件索赔申请单 □　汽车配件外部销售单 □　汽车配件出库单 □　配件盘点明细表 □<br>盘点报告 □　国产汽车零部件组号和分组号编码表 □<br>大众系列汽车配件号主组号及子组号编码表 □<br>其他： |

| 配件信息 | 配件类型 | 配件名称 |
|---|---|---|
| | | |
| | | |
| | | |
| | | |
| | | |

| 配件包装检查 | | 配件质量检查 | |
|---|---|---|---|
| 破损 □<br>脏污 □<br>虫蛀 □<br>腐蚀 □ |  | 锈蚀 □<br>损坏 □<br>脏污 □<br>变形 □ | 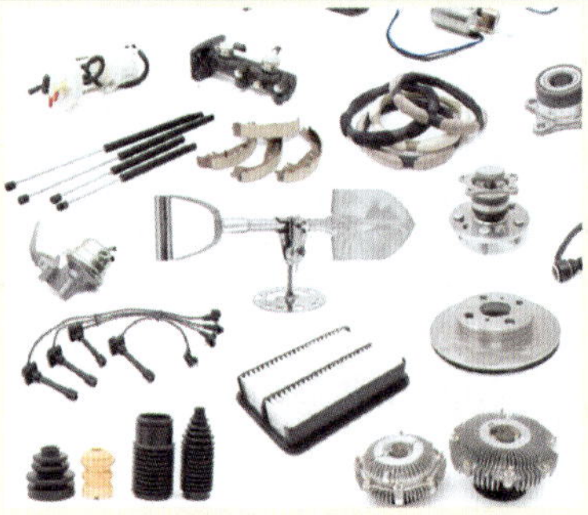 |

| 明确具体工作任务 | |
|---|---|

# 一、知识讲解

## （一）配件验收入库

配件验收的工作流程：

1. 验收汽车配件：对配件品种的检验、对配件数量的检验、对配件质量的检验。

2. 填写配件验收单：所验收的配件是否合格，不合格办理相关手续。

3. 核对配件发货单与配件订货单是否一致。

4. 办理入库手续。

入库验收的要求：①验收要及时，尽快建卡、立账、销售，减少配件在库停留时间，缩短流转周期，加速资金周转，提高企业经济效益；②准确，配件入库应根据入库单所列内容与实物逐项核对，对配件外观和包装认真检查，以保证入库数量准确，防止以少报多或张冠李戴的配件混入仓库；③如发现霉变、腐败、渗漏、虫蛀、鼠咬、变色、变形等异状配件，要查清原因，做出记录，及时处理，以免扩大损失，要严格执行一货一单制，按单收货，单货同行，防止无单进仓。

## （二）汽车配件检验

汽车配件检验需要检验外包装、小包装、产品标签、包装封签、内包装纸、外观质量和产品上的永久性标记。检查外包装需要检验木箱、外包装、纸箱。检查小包装即为检查单个包装。检查产品标签需要检查生产厂家、配件号、数量。

## （三）识别真假配件

假配件的危害是不言而喻的，假配件不仅在工艺、品质上存在问题，严重时还可能危及车主和他人的生命安全。然而由于利益驱使，假配件至今仍难以杜绝，导致整个市场鱼龙混杂，在购买配件时必须练就一双“火眼金睛”。

在识别真假配件时常用的鉴别方法有感官辨别法、从工艺质量（特别是细节处）来分辨、真品比对辨别法。

# 二、任务准备

## （一）工具准备

| | | |
|---|---|---|
| 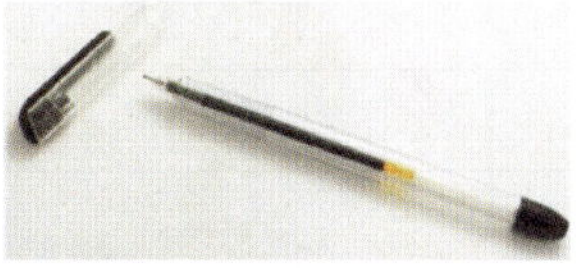 | 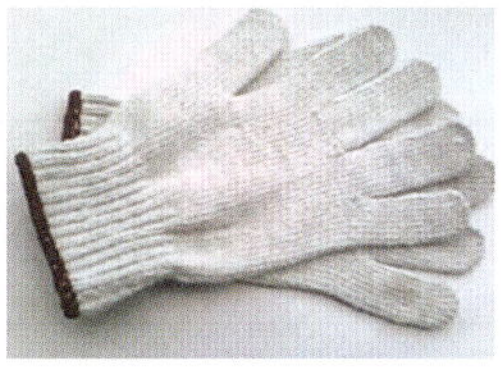 | 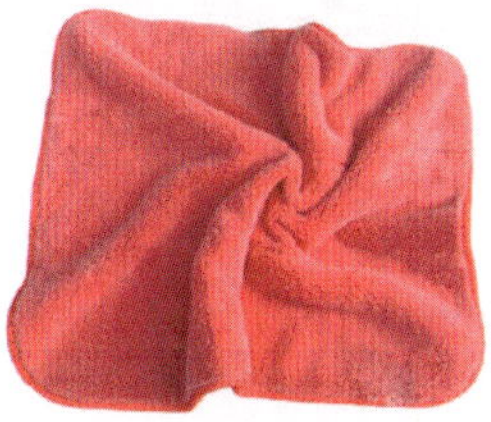 |
| 黑色水笔 | 手套 | 抹布 |

## （二）资料准备

| | | | |
|---|---|---|---|
|  |  | 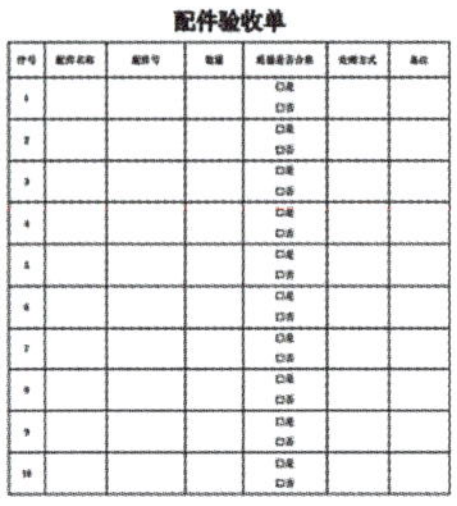 | 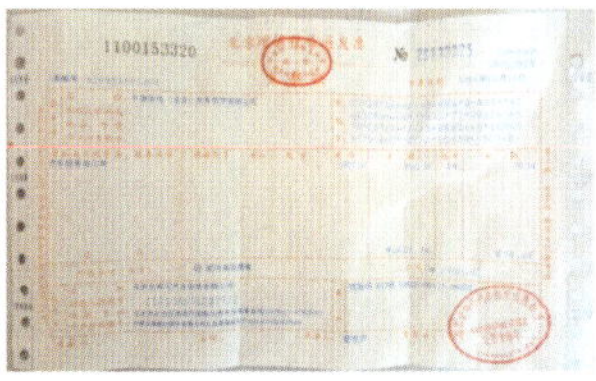 |
| 配件送货单 | 配件订货单 | 配件验收单 | 发票 |

## （三）配件准备

在下列图片中勾选出本组所领取到的配件。

| | | | |
|---|---|---|---|
|  |  |  |  |
| 活塞 | 飞轮 | 气门 | 正时链条 |
| | | | |
| 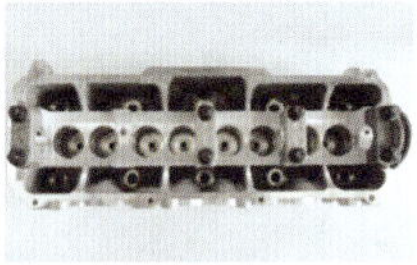 | 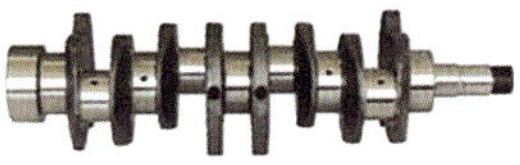 | 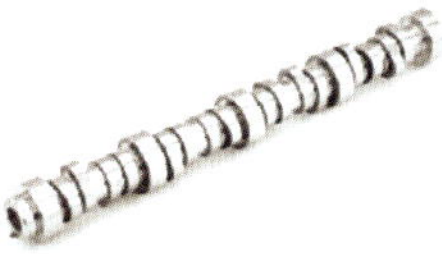 |  |
| 气缸盖 | 曲轴 | 凸轮轴 | 机油泵 |
| | | | |
|  |  |  |  |
| 正时齿轮 | 节温器 | 发电机 | 起动机 |
| | | | |
|  | 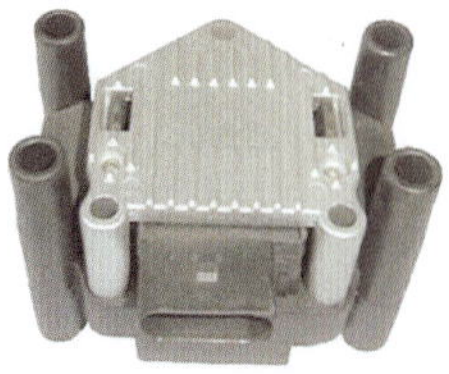 | 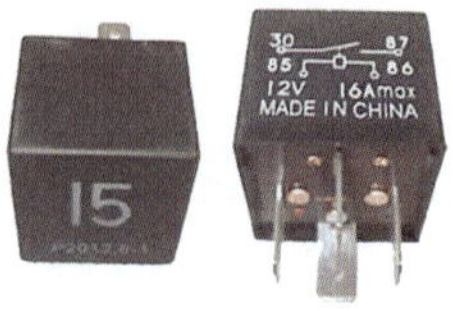 |  |
| 蓄电池 | 点火线圈 | 喇叭继电器 | ABS 传感器 |
| | | | |

| | | | |
|---|---|---|---|
| 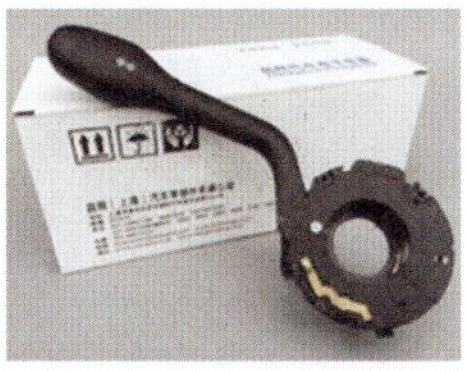 |  |  | 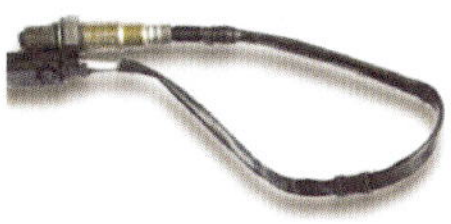 |
| 转向组合开关 | 喇叭 | 点火开关 | 氧传感器 |
| | | | |
| 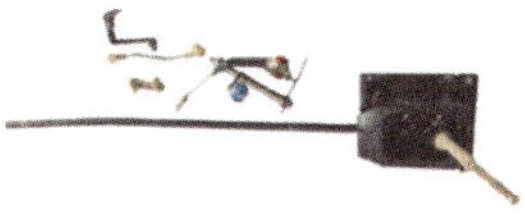 |  |  | 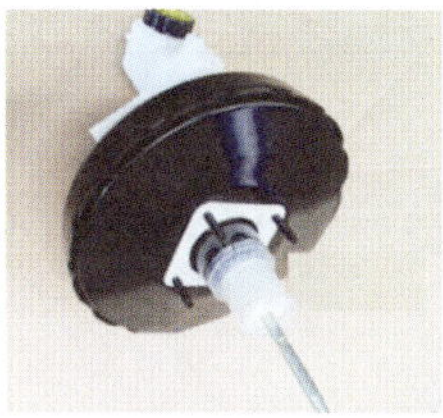 |
| 变速器换挡机构 | 转向拉杆 | 后减振器 | 制动助力器 |
| | | | |
|  |  |  | 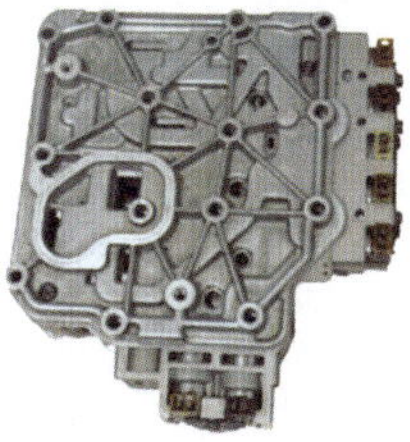 |
| 前制动盘 | 动力转向器 | 轮胎 | 自动变速器阀体 |
| | | | |
|  |  |  |  |
| 轮毂 | 变速器齿轮 | 机油滤清器 | 燃油滤清器 |
| | | | |
|  |  | 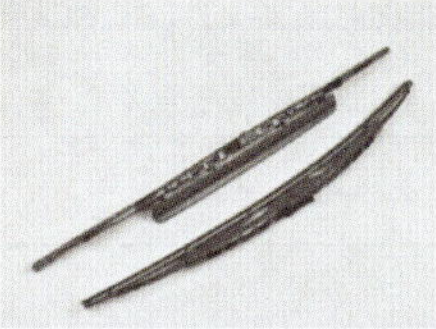 |  |
| 空气滤清器 | 空调滤清器 | 雨刮片 | 前制动片 |
| | | | |

|  | 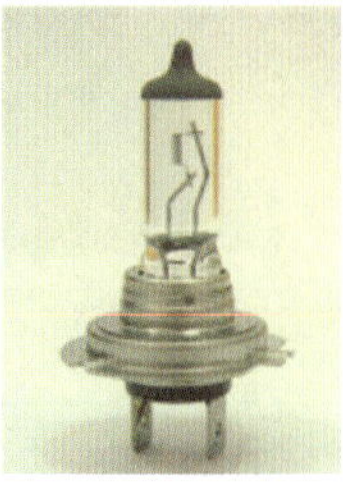 |  |  |
|---|---|---|---|
| 火花塞 | 灯泡 | 冷却液 | 传动带 |
| | | | |

## 三、任务分配（见表 4-1）

表 4-1　任务分配表

| 职务 | 代码 | 姓名 | 工作内容 |
|---|---|---|---|
| 组长 | A | | 监督、管理组员工作 |
| 组员 | B | | 准备配件号编制资料手册 |
| | C | | |
| | D | | 领取待编制配件号的配件 |
| | E | | |
| | F | | |

## 四、组织实施

### （一）实施 1

将教师分配给各个小组的配件进行验收，将验收结果填入配件验收单中（见表 4-2）。

表 4-2　配件验收单 1

| 序号 | 配件名称 | 配件号 | 数量 | 质量是否合格 | 处理方式 | 备注 |
|---|---|---|---|---|---|---|
| 1 | | | | 是 □　否 □ | | |
| 2 | | | | 是 □　否 □ | | |
| 3 | | | | 是 □　否 □ | | |
| 4 | | | | 是 □　否 □ | | |
| 5 | | | | 是 □　否 □ | | |

### （二）实施 2

将教师分配给各个小组的配件进行验收，将验收结果填入配件验收单中（见表 4-3）。

表 4-3 配件验收单 2

| 序号 | 配件名称 | 配件号 | 数量 | 质量是否合格 | 处理方式 | 备注 |
|---|---|---|---|---|---|---|
| 1 | | | | 是 □ 否 □ | | |
| 2 | | | | 是 □ 否 □ | | |
| 3 | | | | 是 □ 否 □ | | |
| 4 | | | | 是 □ 否 □ | | |
| 5 | | | | 是 □ 否 □ | | |

## （三）实施 3

将教师分配给各个小组的配件进行验收，将验收结果填入配件验收单中（见表 4–4）。

表 4-4 配件验收单 3

| 序号 | 配件名称 | 配件号 | 数量 | 质量是否合格 | 处理方式 | 备注 |
|---|---|---|---|---|---|---|
| 1 | | | | 是 □ 否 □ | | |
| 2 | | | | 是 □ 否 □ | | |
| 3 | | | | 是 □ 否 □ | | |
| 4 | | | | 是 □ 否 □ | | |
| 5 | | | | 是 □ 否 □ | | |

## （四）实施 4

将教师分配给各个小组的配件进行验收，将验收结果填入配件验收单中（见表 4–5）。

表 4-5 配件验收单 4

| 序号 | 配件名称 | 配件号 | 数量 | 质量是否合格 | 处理方式 | 备注 |
|---|---|---|---|---|---|---|
| 1 | | | | 是 □ 否 □ | | |
| 2 | | | | 是 □ 否 □ | | |
| 3 | | | | 是 □ 否 □ | | |
| 4 | | | | 是 □ 否 □ | | |
| 5 | | | | 是 □ 否 □ | | |

## （五）实施 5

将教师分配给各个小组的配件进行验收，将验收结果填入配件验收单中（见表 4–6）。

表 4-6 配件验收单 5

| 序号 | 配件名称 | 配件号 | 数量 | 质量是否合格 | 处理方式 | 备注 |
|---|---|---|---|---|---|---|
| 1 | | | | 是 □ 否 □ | | |
| 2 | | | | 是 □ 否 □ | | |
| 3 | | | | 是 □ 否 □ | | |
| 4 | | | | 是 □ 否 □ | | |
| 5 | | | | 是 □ 否 □ | | |

# 五、检查

## （一）自检

结合本组的任务实施过程，对项目完成情况进行检查，填写表 4–7。

表 4–7　自检

| 检查项目 | 检查结果 |
|---|---|
| 在配件验收过程中是否检验出假件 | 是 □　否 □ |
| 配件送货单与发货单、实际到货配件是否一致 | 是 □　否 □ |
| 配件是否异常或损坏 | 是 □　否 □ |
| 配件验收单填写是否正确 | 是 □　否 □ |

## （二）互检

组与组之间相互进行项目完成情况检查，填写表 4–8。

表 4–8　互检

| 检查项目 | 检查结果 |
|---|---|
| 在配件验收过程中是否检验出假件 | 是 □　否 □ |
| 配件送货单与发货单、实际到货配件是否一致 | 是 □　否 □ |
| 配件是否异常或损坏 | 是 □　否 □ |
| 配件验收单填写是否正确 | 是 □　否 □ |

# 六、课堂小结

# 任务五　配件索赔

<table>
<tr><th colspan="5">汽车配件管理任务工单</th></tr>
<tr><td>任务描述</td><td colspan="4">编写配件号 □　计算配件订购量 □　订购配件 □　验收到货配件 □<br>配件索赔 □　仓库分区 □　编制料位码 □　配件定位码放 □<br>库存盘点 □　盘点报告 □　配件营销 □　配件出库 □<br>其他：</td></tr>
<tr><td>资料选择</td><td colspan="4">配件号编制表 □　配件采购计算表 □　配件订货单 □　配件采购合同 □<br>配件网络营销平台 □　配件送货单 □　配件验收单 □　出入库登记表 □<br>汽车配件索赔申请单 □　汽车配件外部销售单 □　汽车配件出库单 □　配件盘点明细表 □<br>盘点报告 □　国产汽车零部件组号和分组号编码表 □<br>大众系列汽车配件号主组号及子组号编码表 □<br>其他：</td></tr>
<tr><td rowspan="6">配件信息</td><td>配件类型</td><td colspan="3">配件名称</td></tr>
<tr><td></td><td colspan="3"></td></tr>
<tr><td></td><td colspan="3"></td></tr>
<tr><td></td><td colspan="3"></td></tr>
<tr><td></td><td colspan="3"></td></tr>
<tr><td></td><td colspan="3"></td></tr>
<tr><th colspan="2">配件包装检查</th><th colspan="3">配件质量检查</th></tr>
<tr><td>破损 □<br>脏污 □<br>虫蛀 □<br>腐蚀 □</td><td></td><td>锈蚀 □<br>损坏 □<br>脏污 □<br>变形 □</td><td colspan="2">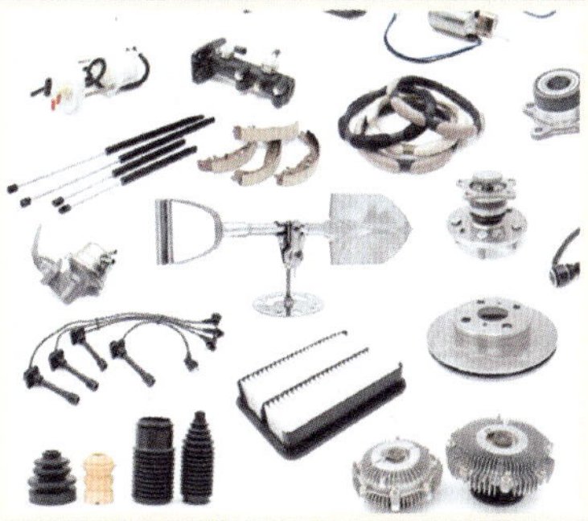</td></tr>
<tr><td>明确具体工作任务</td><td colspan="4"></td></tr>
</table>

## 一、知识讲解

### （一）汽车配件索赔

汽车配件索赔是指所订购的配件在收货但未使用状态下出现损坏、异常等情况，需要向供货商进行退换的工作。

配件索赔的原则：

1. 严禁将不属于索赔范围的汽车配件上报索赔。
2. 严格的索赔时间限定。
3. 立即进行鉴定，尽快出具索赔申请单和有关的证明材料，并向供货商申请。
4. 索赔件包赔后原件归供货商所有。
5. 玻璃、塑料件等易碎件原则上不予索赔，但可视情况考虑索赔，供货商仅支付供货价和索赔件返回时的运费。

### （二）汽车配件索赔范围与期限（见表 5–1）

表 5–1　汽车配件索赔范围与期限

| 索赔因素 | 索赔代码 | 索赔说明 | 索赔期限 |
|---|---|---|---|
| 多供货 | ZKC2 | 实发配件数量多于交接清单配件数量 | 到货 7 日内 |
| 少供货 | ZKA1 | 实发配件数量少于交接清单配件数量 | 到货 7 日内 |
| 配件质量缺陷 | ZKE1 | 不能达到正常使用要求的零公里零件（如尺寸偏差、颜色偏差、功能失效等） | 到货 60 日内 |
| 损坏 | ZKF1 | 配送的附件、散件、易损易碎件和配件装在容器的装载质量应当场交接清楚，如有索赔，应保留交接双方认可的求证依据 | 即时 |
| | | 装在容器（台车、周转箱等）内的配件损坏 | 到货 3 日内 |
| 错件 | ZKG1 | 收到的配件与订购的配件号码一致，但实物不一致 | 到货 60 日内 |
| | ZKD1 | 收到的配件为非订购配件，且不能用 | |
| | ZKD2 | 收到的配件为非订购配件，但可以用 | |
| 其他 | ZKX3 | 不属于以上索赔因素的索赔 | 到货 60 日内 |

### （三）汽车配件索赔申请单（见表 5–2）

表 5–2　汽车配件索赔申请单

| 到货日期 | | 申请日期 | |
|---|---|---|---|
| 订单号 | | 申请人 | |
| 配件名称 | 配件号 | 索赔原因 / 索赔代码 | 索赔要求 |
| | | | □ 更换　□ 退货 |
| | | | □ 更换　□ 退货 |
| | | | □ 更换　□ 退货 |

## 二、任务准备

### （一）工具准备

| | |
|---|---|
| 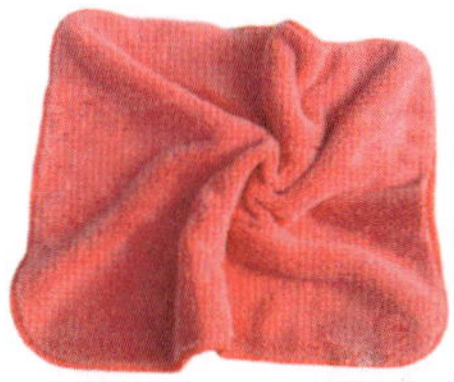 | 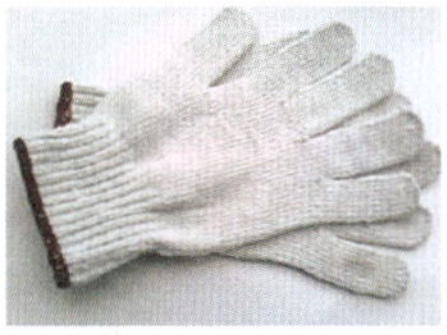 |
| 抹布 | 手套 |

### （二）资料准备

汽车配件索赔申请单

| | | | |
|---|---|---|---|
| 到货日期 | | 申请日期 | |
| 订单号 | | 申请人 | |
| 配件名称 | 配件号 | 索赔原因 / 索赔代码 | 索赔要求 |
| | | | |
| | | | |

### （三）配件准备

在下面图片中勾选出本组所领取到的配件。

| | | | |
|---|---|---|---|
|  |  |  |  |
| 活塞 | 飞轮 | 气门 | 正时链条 |
| | | | |
| 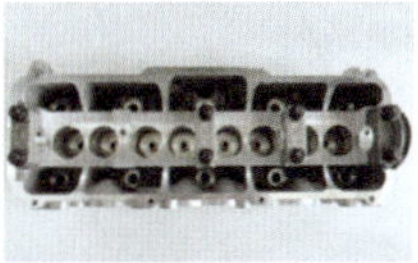 |  |  |  |
| 气缸盖 | 曲轴 | 凸轮轴 | 机油泵 |
| | | | |

| | | | |
|---|---|---|---|
|  |  |  |  |
| 正时齿轮 | 节温器 | 发电机 | 起动机 |
| | | | |
|  | 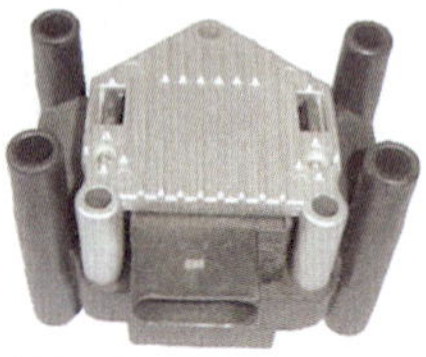 |  |  |
| 蓄电池 | 点火线圈 | 喇叭继电器 | ABS 传感器 |
| | | | |
| 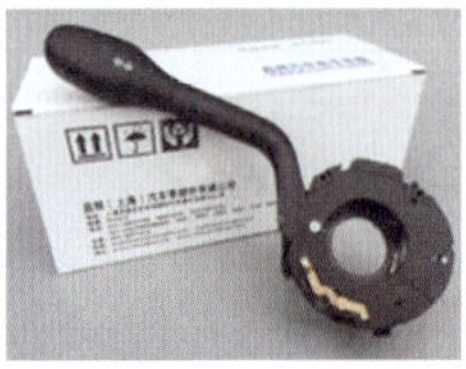 |  |  | 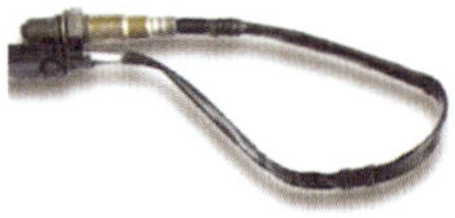 |
| 转向组合开关 | 喇叭 | 点火开关 | 氧传感器 |
| | | | |
| 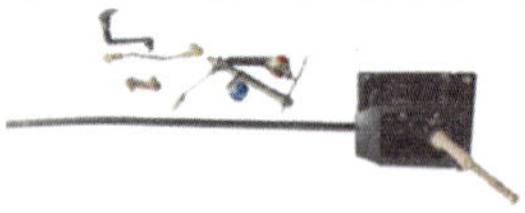 | 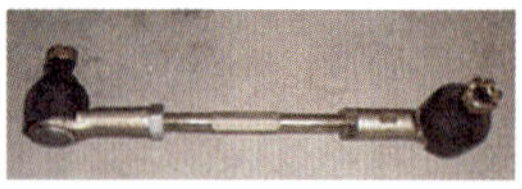 |  |  |
| 变速器换挡机构 | 转向拉杆 | 后减振器 | 动力转向器 |
| | | | |
| 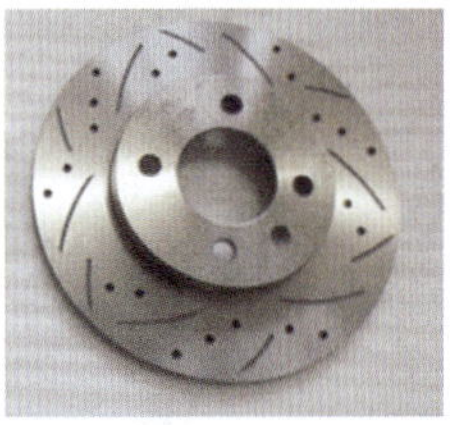 | 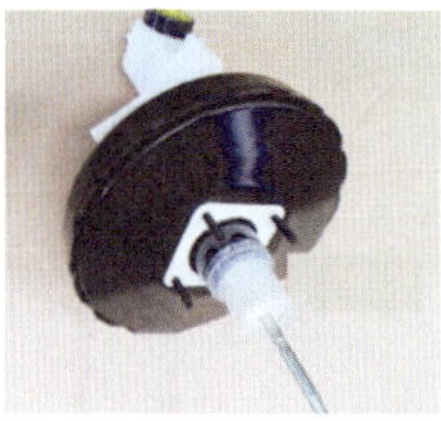 |  | 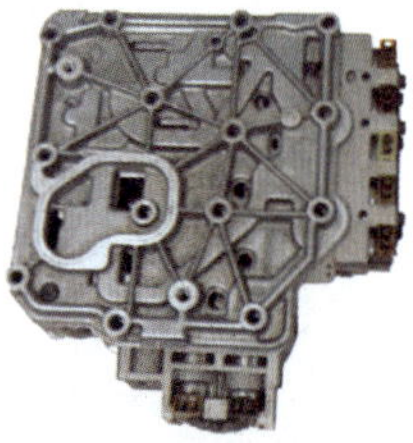 |
| 前制动盘 | 制动助力器 | 轮胎 | 自动变速器阀体 |
| | | | |
|  |  |  |  |
| 轮毂 | 变速器齿轮 | 机油滤清器 | 燃油滤清器 |
| | | | |

| | | | |
|---|---|---|---|
| 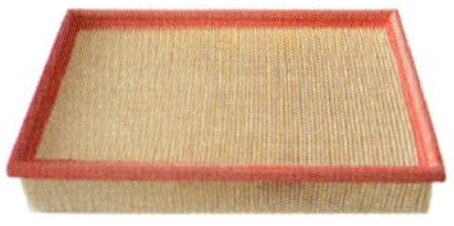 |  |  |  |
| 空气滤清器 | 空调滤清器 | 雨刮片 | 前制动片 |
| | | | |
|  | 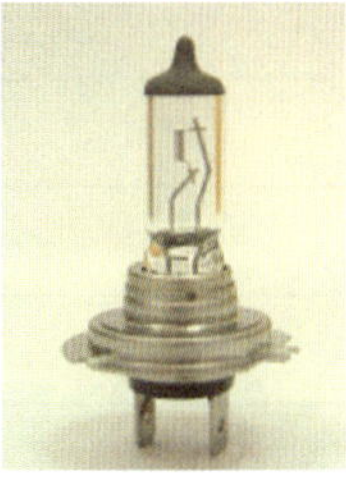 |  |  |
| 火花塞 | 灯泡 | 冷却液 | 传动带 |
| | | | |

## 三、任务分配（见表 5-3）

表 5-3　任务分配表

| 职务 | 代码 | 姓名 | 工作内容 |
|---|---|---|---|
| 组长 | A | | 监督、管理组员工作 |
| 组员 | B | | 准备工具、设备、单据 |
| | C | | |
| | D | | 领取配件 |
| | E | | |
| | F | | |

## 四、任务实施

### （一）实施 1

对本组领取到的配件进行验收分析，并将有问题的配件进行索赔处理（见表 5-4）。

表 5-4　汽车配件索赔申请单 1

| 到货日期 | | 申请日期 | |
|---|---|---|---|
| 订单号 | | 申请人 | |
| 配件名称 | 配件号 | 索赔原因 / 索赔代码 | 索赔要求 |
| | | | □ 更换　□ 退货 |
| | | | □ 更换　□ 退货 |
| | | | □ 更换　□ 退货 |

## （二）实施 2

对本组领取到的配件进行验收分析，并将有问题的配件进行索赔处理（见表 5-5）。

表 5-5 汽车配件索赔申请单 2

| 到货日期 | | 申请日期 | |
| --- | --- | --- | --- |
| 订单号 | | 申请人 | |
| 配件名称 | 配件号 | 索赔原因 / 索赔代码 | 索赔要求 |
| | | | □ 更换 □ 退货 |
| | | | □ 更换 □ 退货 |
| | | | □ 更换 □ 退货 |

## （三）实施 3

对本组领取到的配件进行验收分析，并将有问题的配件进行索赔处理（见表 5-6）。

表 5-6 汽车配件索赔申请单 3

| 到货日期 | | 申请日期 | |
| --- | --- | --- | --- |
| 订单号 | | 申请人 | |
| 配件名称 | 配件号 | 索赔原因 / 索赔代码 | 索赔要求 |
| | | | □ 更换 □ 退货 |
| | | | □ 更换 □ 退货 |
| | | | □ 更换 □ 退货 |

## （四）实施 4

对本组领取到的配件进行验收分析，并将有问题的配件进行索赔处理（见表 5-7）。

表 5-7 汽车配件索赔申请单 4

| 到货日期 | | 申请日期 | |
| --- | --- | --- | --- |
| 订单号 | | 申请人 | |
| 配件名称 | 配件号 | 索赔原因 / 索赔代码 | 索赔要求 |
| | | | □ 更换 □ 退货 |
| | | | □ 更换 □ 退货 |
| | | | □ 更换 □ 退货 |

## （五）实施 5

对本组领取到的配件进行验收分析，并将有问题的配件进行索赔处理（见表 5-8）。

表 5-8 汽车配件索赔申请单 5

| 到货日期 | | 申请日期 | |
|---|---|---|---|
| 订单号 | | 申请人 | |
| 配件名称 | 配件号 | 索赔原因 / 索赔代码 | 索赔要求 |
| | | | □ 更换 □ 退货 |
| | | | □ 更换 □ 退货 |
| | | | □ 更换 □ 退货 |

## 五、检查

### （一）自检

结合本组的任务实施过程，对项目完成情况进行检查，填写表 5-9。

表 5-9 自检

| 检查项目 | 检查结果 |
|---|---|
| 在配件验收过程中是否检验出问题配件 | 是 □ 否 □ |
| 索赔原因和代码选择是否正确、恰当 | 是 □ 否 □ |
| 配件索赔申请单填写是否正确 | 是 □ 否 □ |

### （二）互检

组与组之间相互进行项目完成情况检查，填写表 5-10。

表 5-10 互检

| 检查项目 | 检查结果 |
|---|---|
| 在配件验收过程中是否检验出问题配件 | 是 □ 否 □ |
| 索赔原因和代码选择是否正确、恰当 | 是 □ 否 □ |
| 配件索赔申请单填写是否正确 | 是 □ 否 □ |

## 六、课堂小结

# 情境二

# 配件仓储与管理

# 任务六　仓库分区

**汽车配件管理任务工单**

| | |
|---|---|
| 任务描述 | 编写配件号 □　计算配件订购量 □　订购配件 □　验收到货配件 □<br>配件索赔 □　仓库分区 □　编制料位码 □　配件定位码放 □<br>库存盘点 □　盘点报告 □　配件营销 □　配件出库 □<br>其他： |
| 资料选择 | 配件号编制表 □　配件采购计算表 □　配件订货单 □　配件采购合同 □<br>配件网络营销平台 □　配件送货单 □　配件验收单 □　出入库登记表 □<br>汽车配件索赔申请单 □　汽车配件外部销售单 □　汽车配件出库单 □　配件盘点明细表 □<br>盘点报告 □　国产汽车零部件组号和分组号编码表 □<br>大众系列汽车配件号主组号及子组号编码表 □<br>其他： |

| 配件信息 | 配件类型 | 配件名称 |
|---|---|---|
| | | |
| | | |
| | | |
| | | |
| | | |

| 配件包装检查 | | 配件质量检查 | |
|---|---|---|---|
| 破损 □ |  | 锈蚀 □ | 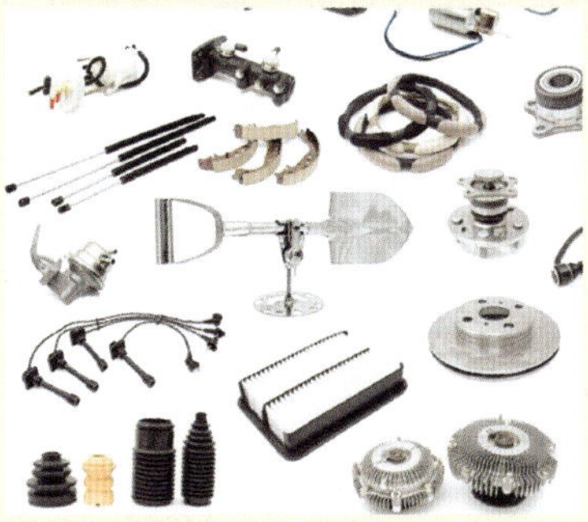 |
| 脏污 □ | | 损坏 □ | |
| 虫蛀 □ | | 脏污 □ | |
| 腐蚀 □ | | 变形 □ | |

| | |
|---|---|
| 明确具体工作任务 | |

# 一、知识讲解

## （一）汽车配件仓库的构成

一个配件仓库通常由配件存储区、卸货区和行政区三大部分组成。配件存储区指货架、通道等，是配件存储的主要场所；卸货区指配件运输到厂后卸车的场地，暂时存放未上架的配件；行政区指仓库管理人员办公的区域及配件出库窗口。

## （二）配件仓库规划的基本要求

仓库工作区应有明显的配件销售出货口、车间领料出货口标牌，发料室、备货区、危险品仓库等应有足够的进货、发货通道和配件周转区域；货架要整齐划一摆放，仓库的每一条通道都要有明显的标志，货架应有位置码，货位要有配件号和配件名称。

不宜将配件堆放在地上，为避免配件锈蚀及发生磕碰，必须保持其完好的原包装。易燃易爆物品应与其他配件严格分开管理，存放时要考虑防火、通风等问题。仓库内应有明显的防火标志、齐备的消防设施。

非仓库人员不得随意进入仓库，仓库内不得摆放私人物品。索赔件必须单独存放。

## （三）配件存储区的设计要求

配件存储区是仓库的主要部分，是存储及放置汽车配件的主要场所，包括存储货架、通道等，具体分为货架、主通道、货架间通道。

货架摆放的基本要求如下：

1. 货架需采用钢制材料制作，货架颜色应统一。小货架可以不限制制作材料，但必须保证安全耐用。

2. 货架与货架之间要设有通道，也称辅助通道，需满足两人逆向行走畅通且无阻碍，并且平板推车可以顺利通过，因此辅助通道宽度应为 0.8 ~ 1 m。

3. 仓库内至少设 1 条主通道，主通道能清楚地从一端看到另一端，每 8 m 连续货架就要有一条主通道。主通道的宽度大于 1.5 m 才能移动自如，不会钩挂边角，满足大配件的运输要求。

4. 在窗边，货架要离墙至少 80 cm，以免遮住光线，并作为紧急出口。

## （四）卸货区和行政区的设计要求

配件卸货区是供配件运输车辆装卸配件的场地，为便于仓储配件的入库，卸货区一般设在仓库大门一侧，便于运输配件的车辆停靠。卸货区有一定的空间要求，用于暂时堆放已卸货而未入库上架的配件，其高度和宽度应根据运输工具和作业方式而定。

行政区也称为办公区，是仓库行政管理机构的工作区域。对于汽车配件存储仓库而言，行政区一般设在仓库与维修车间衔接的地方，是业务接洽和管理的办公区域及仓库对维修车间发货的窗口，主要设有出库前台和配件管理主管办公室等。

## 二、任务准备

在下列图片中勾选出本组所领取到的材料。

| | | | |
|---|---|---|---|
|  | 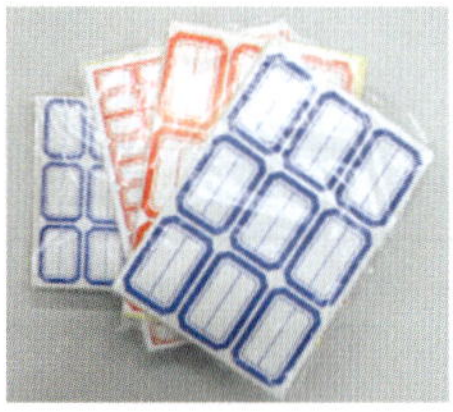 |  | 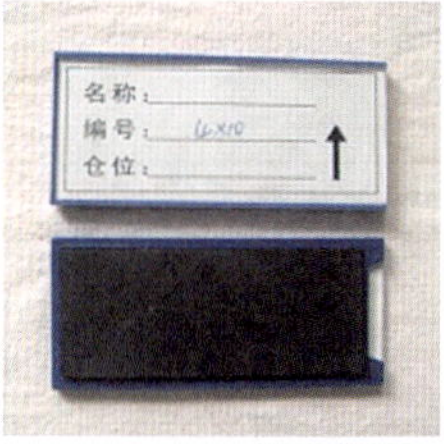 |
| A4 硬纸板 | 口取纸 | 胶棒 | 磁性标签 |
| | | | |
|  | 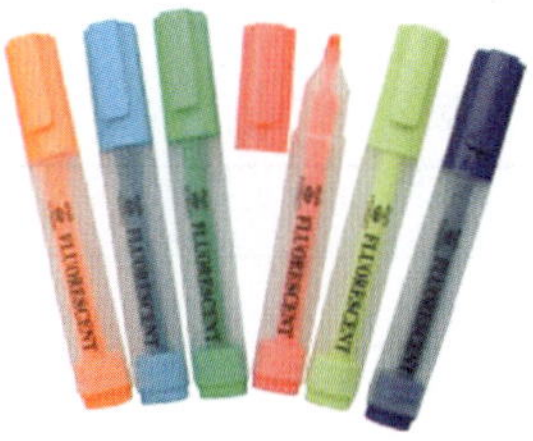 |  |  |
| 直尺 | 荧光笔 | 剪刀 | 透明胶带 |
| | | | |

## 三、任务分配（见表 6-1）

表 6-1　任务分配表

| 职务 | 代码 | 姓名 | 工作内容 |
|---|---|---|---|
| 组长 | A | | 监督、管理组员工作 |
| 组员 | B | | 准备工具、设备 |
| | C | | |
| | D | | 起草和设计配件库模型 |
| | E | | |
| | F | | |

## 四、任务实施

各个小组分别设计本组的配件库房模型，并使用上述工具进行模型制作，将制作成果拍成照片插入表格中（见表 6-2）。

表 6-2　配件库模型设计

| | | | |
|---|---|---|---|
| | | | |
| 货架照片 | 配件存储区照片 | 行政区照片 | 卸货区照片 |
| | | | |
| 主通道照片 | 副通道照片 | 整体配件库照片 | 安全防护照片 |

## 五、检查

### （一）自检

结合本组的任务实施过程，对项目完成情况进行检查，填写表 6-3。

表 6-3　自检

| 检查项目 | 检查结果 |
|---|---|
| 配件库区域设计是否合理 | 是 □　否 □ |
| 货架摆放是否恰当 | 是 □　否 □ |
| 主通道、副通道设计是否合理 | 是 □　否 □ |
| 配件库内是否有安全设施 | 是 □　否 □ |

### （二）互检

组与组之间相互进行项目完成情况检查，填写表 6-4。

表 6-4　互检

| 检查项目 | 检查结果 |
|---|---|
| 配件库区域设计是否合理 | 是 □　否 □ |
| 货架摆放是否恰当 | 是 □　否 □ |
| 主通道、副通道设计是否合理 | 是 □　否 □ |
| 配件库内是否有安全设施 | 是 □　否 □ |

## 六、课堂小结

# 任务七　编制料位码

| 汽车配件管理任务工单 | |
|---|---|
| 任务描述 | 编写配件号 □　计算配件订购量 □　订购配件 □　验收到货配件 □<br>配件索赔 □　仓库分区 □　编制料位码 □　配件定位码放 □<br>库存盘点 □　盘点报告 □　配件营销 □　配件出库 □<br>其他： |
| 资料选择 | 配件号编制表 □　配件采购计算表 □　配件订货单 □　配件采购合同 □<br>配件网络营销平台 □　配件送货单 □　配件验收单 □　出入库登记表 □<br>汽车配件索赔申请单 □　汽车配件外部销售单 □　汽车配件出库单 □　配件盘点明细表 □<br>盘点报告 □　国产汽车零部件组号和分组号编码表 □<br>大众系列汽车配件号主组号及子组号编码表 □<br>其他： |

| 配件信息 | 配件类型 | 配件名称 |
|---|---|---|
| | | |
| | | |
| | | |
| | | |
| | | |

| 配件包装检查 | | 配件质量检查 | |
|---|---|---|---|
| 破损 □ |  | 锈蚀 □ |  |
| 脏污 □ | | 损坏 □ | |
| 虫蛀 □ | | 脏污 □ | |
| 腐蚀 □ | | 变形 □ | |

| 明确具体工作任务 | |
|---|---|

## 一、知识讲解

### （一）料位码

料位码是标明配件在仓储时存放的准确位置的代码，是空间三维坐标的形象表现。对于空间三维坐标，任何一组数字都可以找到唯一的点与其相对应，也就是一个点确定一个位置。

配件料位码常为四位，主要根据区、列、架、层的原则进行编排。

### （二）料位码的编制规则及应用

料位码编制的具体步骤为分区编排、按列编排、按货架号编排、按层编排。

料位码的第 1 部分表示在仓库中的分区，常用英文字母 A、B、C…表示。料位码的第 2 部分表示第几列货架，用 1、2、3…表示。料位码的第 3 部分表示每列货架的第几个货架号，可用 A、B、C…表示，也可以用 01、02、03…表示。料位码的第 4 部分表示每个货架的第几层，用阿拉伯数字 1、2、3…表示。

图 7–1 中五角星位置的料位码为 A–03–01–03。

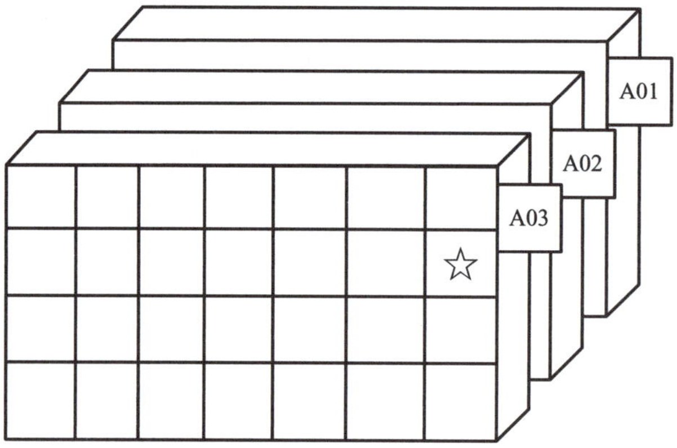


图 7–1　料位码

### （三）仓库货架分区

仓库货架可根据配件作用、品牌车型、配件流通速度进行分区。

1. 根据配件作用划分：发动机区、电器区、钣金区、油液区。
2. 根据同一品牌不同车型划分：大众高尔夫区、捷达区、帕萨特区。
3. 根据配件流通速度划分：维护用配件、常用配件、发动机大修常用配件等。

## 二、任务准备

在下列图片中勾选出本组所领取到的材料。

| | | | |
|---|---|---|---|
|  | 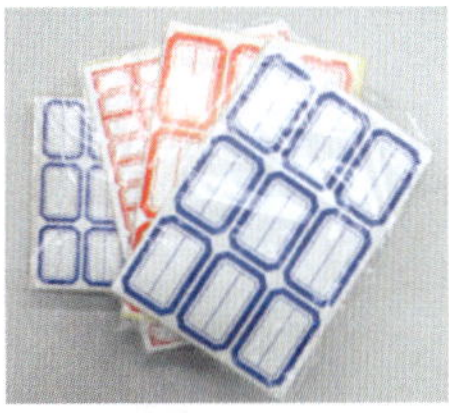 |  | 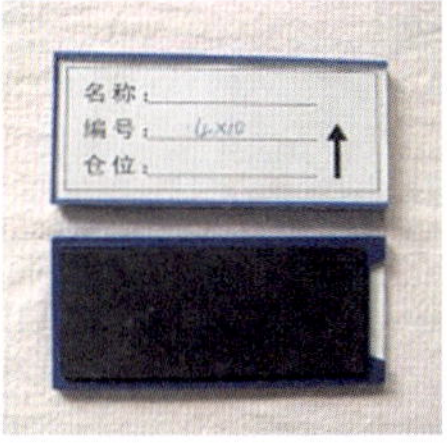  |
| A4 硬纸板 | 口取纸 | 胶棒 | 磁性标签 |
| | | | |
|  | 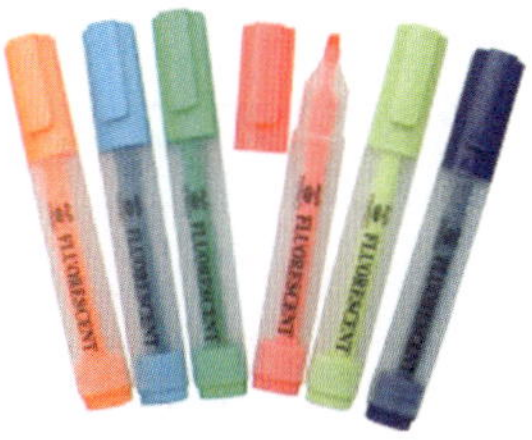 |  |  |
| 直尺 | 荧光笔 | 剪刀 | 透明胶带 |
| | | | |

## 三、任务分配（见表 7-1）

表 7-1 任务分配表

| 职务 | 代码 | 姓名 | 工作内容 |
|---|---|---|---|
| 组长 | A | | 监督、管理组员工作 |
| 组员 | B | | 准备工具、设备 |
| | C | | |
| | D | | 结合教师给出的货架进行模型货架料位码编制 |
| | E | | |
| | F | | |

## 四、任务实施（见表 7-2）

各个小组分别对模型货架与实际货架进行对比设计，将货架进行分区并编制料位码；对实际货架进行料位码编制。

表 7-2 任务实施

| | |
|---|---|
| | |
| 货架分区照片 | 模型货架料位码编制照片 |
| | |
| 模型货架料位码编制照片 | 模型货架料位码编制照片 |
| | |
| 模型货架料位码编制照片 | 模型货架料位码编制照片 |
| | |
| 模型货架料位码编制照片 | 模型货架料位码编制照片 |
| | |
| 模型货架料位码编制照片 | 模型货架料位码编制照片 |
| | |
| 实际货架料位码编制照片 | 实际货架料位码编制照片 |

## 五、检查

### （一）自检

结合本组的任务实施过程，对项目完成情况进行检查，填写表 7-3。

表 7-3 自检

| 检查项目 | 检查结果 |
| --- | --- |
| 配件库货架区域划分是否正确 | 是 □ 否 □ |
| 货架摆放是否恰当 | 是 □ 否 □ |
| 料位码编制是否合理 | 是 □ 否 □ |

### （二）互检

组与组之间相互进行项目完成情况检查，填写表 7-4。

表 7-4 互检

| 检查项目 | 检查结果 |
| --- | --- |
| 配件库货架区域划分是否正确 | 是 □ 否 □ |
| 货架摆放是否恰当 | 是 □ 否 □ |
| 料位码编制是否合理 | 是 □ 否 □ |

## 六、课堂小结

# 任务八　配件定位码放

| 汽车配件管理任务工单 | | | | |
|---|---|---|---|---|
| 任务描述 | 编写配件号 □ | 计算配件订购量 □ | 订购配件 □ | 验收到货配件 □ |
| | 配件索赔 □ | 仓库分区 □ | 编制料位码 □ | 配件定位码放 □ |
| | 库存盘点 □ | 盘点报告 □ | 配件营销 □ | 配件出库 □ |
| | 其他： | | | |
| 资料选择 | 配件号编制表 □ | 配件采购计算表 □ | 配件订货单 □ | 配件采购合同 □ |
| | 配件网络营销平台 □ | 配件送货单 □ | 配件验收单 □ | 出入库登记表 □ |
| | 汽车配件索赔申请单 □ | 汽车配件外部销售单 □ | 汽车配件出库单 □ | 配件盘点明细表 □ |
| | 盘点报告 □ | 国产汽车零部件组号和分组号编码表 □ | | |
| | 大众系列汽车配件号主组号及子组号编码表 □ | | | |
| | 其他： | | | |

| 配件信息 | 配件类型 | 配件名称 |
|---|---|---|
| | | |
| | | |
| | | |
| | | |
| | | |

| 配件包装检查 | | 配件质量检查 | |
|---|---|---|---|
| 破损 □ |  | 锈蚀 □ |  |
| 脏污 □ | | 损坏 □ | |
| 虫蛀 □ | | 脏污 □ | |
| 腐蚀 □ | | 变形 □ | |

| 明确具体工作任务 | |
|---|---|

# 一、知识讲解

## （一）配件入库

配件入库的工作流程为入库搬运、安排货位、堆码摆放、入库登记。

配件可以按照以下方式入库：

1. 按车型系列分库：配件按所属的不同车型分库存放。
2. 按品种系列分库：所有配件不分车型，一律按部、系、品种顺序分库存放。
3. 按经营单位分库：一个库区内同时存储两家以上经营单位的配件，分库存放。

## （二）配件合理码放

配件码放要保证人身、汽车配件与仓库的安全，要便于配件出入库操作。

安全物距：库内货垛与内墙间大于 0.3 m，货垛与柱子间大于 0.2 m，货垛相互之间一般为 0.5 m。库外存放，货垛与外墙的距离大于 0.5 m，避免配件受潮，同时又减轻墙角的负荷。

堆垛美观整齐：堆垛要稳，不偏不斜、不歪不侧、货垛货架排列有序，上下左右摆放整齐，做到横看成行、竖看成线。堆码时包装上的产品标志朝外，不得倒置，发现包装破损，及时调换。

质量轻、体积大的配件单独存放：堆码时注意适当控制高度，不要以重压轻，以防倾倒；易碎、易变形的配件更不可重压，以保证其安全。

露天存放配件：上盖下垫、顶不漏雨、下不浸水，四周要通风，排水应良好。

卡物相符：五五堆码、有动必对。商品标志朝外，大批量配件可设分堆、建分卡，力求整齐，并分层标明细数，便于做到过目成数，方便发货、核对。

## （三）特殊配件存放要求

轮胎、水管接头、V 带等橡胶制品：橡胶配件与油类接触，会使橡胶配件质地膨胀、老化，加速损坏报废，应单独存放，避免沾油液。

干式离合器，制动片，干式、纸式空气滤芯：避免沾灰尘、油品。

风扇带、发动机带：沾上油会引起打滑，可悬挂存放。

蓄电池：防止重叠过多和碰撞，防止电极及盖重压受损，储存期在半年内。

减振器：垂直存放。

电器配件、橡胶制品、玻璃制品：不能碰撞和重压，分专仓存储。

软木纸、毛毡制品、丝绒内饰：要求干燥，在包装内放置樟脑丸，防止霉变及虫蛀。

## （四）入库登记的工作内容

产品经验收无误后应立即办理入库手续，进行登记建档，妥善保管产品的各种证件、账单资料等。

## 二、任务准备

### （一）工具准备

| | | |
|---|---|---|
| 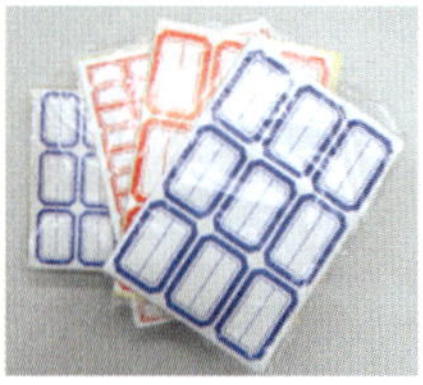 |  | 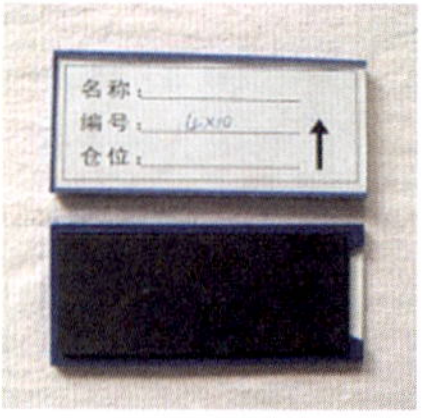 |
| 口取纸 | 黑色水笔 | 磁性标签 |

### （二）资料准备

出入库登记表

| 序号 | 配件名称 | 配件号 | 料位码 | 日期： | | 日期： | | 日期： | | 日期： | | 日期： | |
|---|---|---|---|---|---|---|---|---|---|---|---|---|---|
| | | | | 进 | 出 | 进 | 出 | 进 | 出 | 进 | 出 | 进 | 出 |
| | | | | | | | | | | | | | |
| | | | | | | | | | | | | | |
| | | | | | | | | | | | | | |
| | | | | | | | | | | | | | |
| | | | | | | | | | | | | | |
| | | | | | | | | | | | | | |
| | | | | | | | | | | | | | |
| | | | | | | | | | | | | | |

### （三）配件准备

在下列图片中勾选出本组所领取到的配件。

| | | | |
|---|---|---|---|
|  |  | 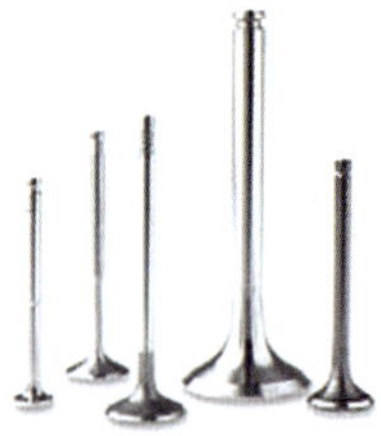 |  |
| 活塞 | 飞轮 | 气门 | 正时链条 |
| | | | |
| 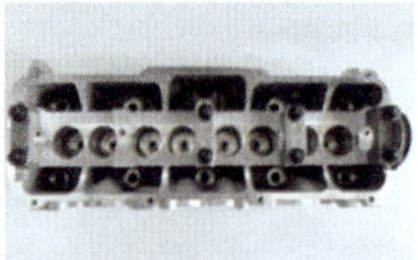 |  |  |  |
| 气缸盖 | 曲轴 | 凸轮轴 | 机油泵 |
| | | | |

| | | | |
|---|---|---|---|
|  |  |  |  |
| 正时齿轮 | 节温器 | 发电机 | 起动机 |
| | | | |
|  | 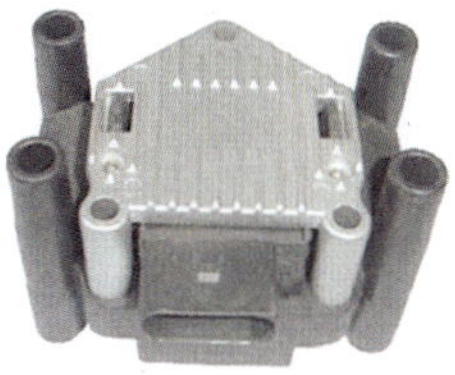 |  |  |
| 蓄电池 | 点火线圈 | 喇叭继电器 | ABS 传感器 |
| | | | |
| 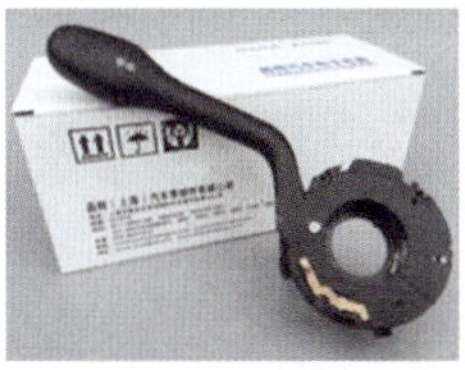 |  |  | 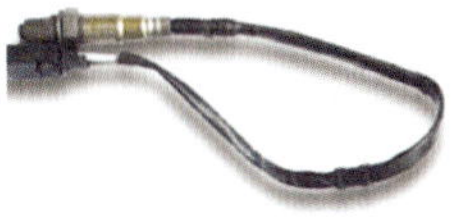 |
| 转向组合开关 | 喇叭 | 点火开关 | 氧传感器 |
| | | | |
| 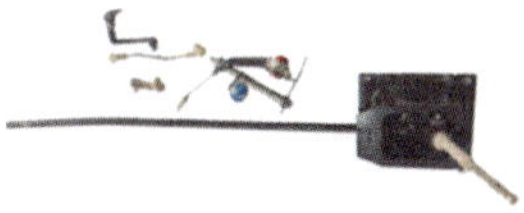 | 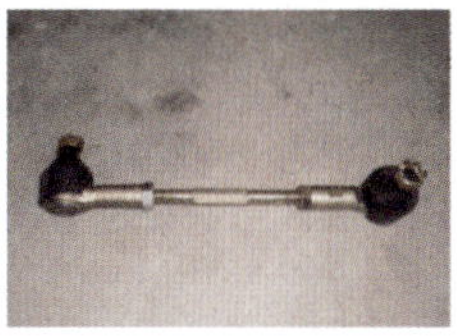 |  | 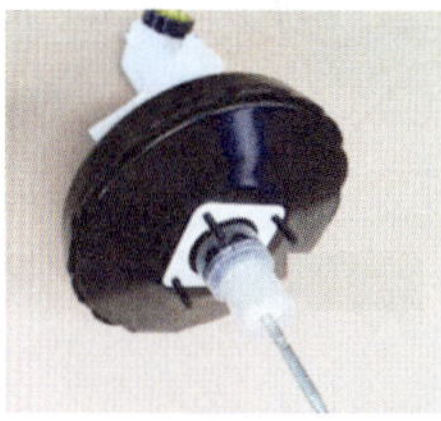 |
| 变速器换挡机构 | 转向拉杆 | 后减振器 | 制动助力器 |
| | | | |
|  |  |  |  |
| 前制动盘 | 动力转向器 | 轮胎 | 自动变速器阀体 |
| | | | |

| | | | |
|---|---|---|---|
|  |  |  | 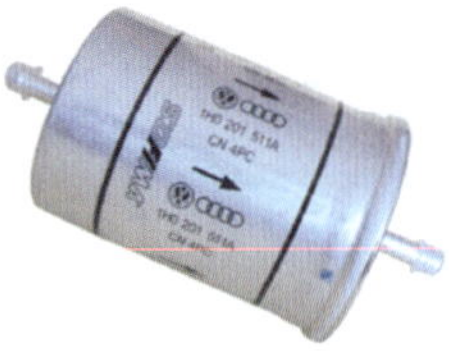 |
| 轮毂 | 变速器齿轮 | 机油滤清器 | 燃油滤清器 |
| | | | |
|  |  |  |  |
| 空气滤清器 | 空调滤清器 | 雨刮片 | 前制动片 |
| | | | |
|  | 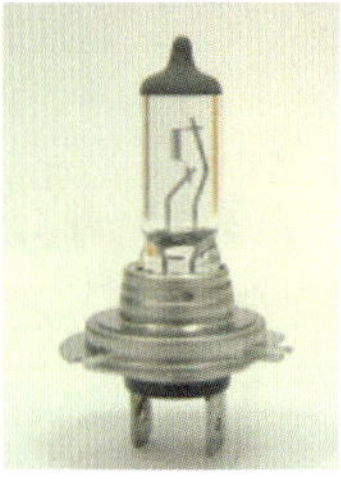 |  |  |
| 火花塞 | 灯泡 | 冷却液 | 传动带 |
| | | | |

## 三、任务分配（见表 8-1）

表 8-1　任务分配表

| 职务 | 代码 | 姓名 | 工作内容 |
|---|---|---|---|
| 组长 | A | | 监督、管理组员工作 |
| 组员 | B | | 准备工具、设备、单据 |
| | C | | |
| | D | | 领取配件 |
| | E | | |
| | F | | |

# 四、任务实施

## （一）实施 1

各个小组分别将领取的配件放置到货架上，并在磁性标签中填写完整的配件信息、料位码信息。配件入库后填写配件出入库登记表（见表 8–2）。

表 8–2 出入库登记表 1

| 序号 | 配件名称 | 配件号 | 料位码 | 日期： | |
|---|---|---|---|---|---|
| | | | | 进 | 出 |
| 1 | | | | | |
| 2 | | | | | |
| 3 | | | | | |
| 4 | | | | | |
| 5 | | | | | |
| 6 | | | | | |
| 7 | | | | | |
| 8 | | | | | |
| 9 | | | | | |
| 10 | | | | | |

## （二）实施 2

各个小组分别将领取的配件放置到货架上，并在磁性标签中填写完整的配件信息、料位码信息。配件入库后填写配件出入库登记表（见表 8–3）。

表 8–3 出入库登记表 2

| 序号 | 配件名称 | 配件号 | 料位码 | 日期： | |
|---|---|---|---|---|---|
| | | | | 进 | 出 |
| 1 | | | | | |
| 2 | | | | | |
| 3 | | | | | |
| 4 | | | | | |
| 5 | | | | | |
| 6 | | | | | |
| 7 | | | | | |
| 8 | | | | | |
| 9 | | | | | |
| 10 | | | | | |

## （三）实施 3

各个小组分别将领取的配件放置到货架上，并在磁性标签中填写完整的配件信息、料位码信息。配件入库后填写配件出入库登记表（见表 8-4）。

表 8-4　出入库登记表 3

| 序号 | 配件名称 | 配件号 | 料位码 | 日期： | |
|---|---|---|---|---|---|
| | | | | 进 | 出 |
| 1 | | | | | |
| 2 | | | | | |
| 3 | | | | | |
| 4 | | | | | |
| 5 | | | | | |
| 6 | | | | | |
| 7 | | | | | |
| 8 | | | | | |
| 9 | | | | | |
| 10 | | | | | |

## （四）实施 4

各个小组分别将领取的配件放置到货架上，并在磁性标签中填写完整的配件信息、料位码信息。配件入库后填写配件出入库登记表（见表 8-5）。

表 8-5　出入库登记表 4

| 序号 | 配件名称 | 配件号 | 料位码 | 日期： | |
|---|---|---|---|---|---|
| | | | | 进 | 出 |
| 1 | | | | | |
| 2 | | | | | |
| 3 | | | | | |
| 4 | | | | | |
| 5 | | | | | |
| 6 | | | | | |
| 7 | | | | | |
| 8 | | | | | |
| 9 | | | | | |
| 10 | | | | | |

### （五）实施 5

各个小组分别将领取的配件放置到货架上，并在磁性标签中填写完整的配件信息、料位码信息。配件入库后填写配件出入库登记表（见表 8-6）。

表 8-6 出入库登记表 5

| 序号 | 配件名称 | 配件号 | 料位码 | 日期： | |
|---|---|---|---|---|---|
| | | | | 进 | 出 |
| 1 | | | | | |
| 2 | | | | | |
| 3 | | | | | |
| 4 | | | | | |
| 5 | | | | | |
| 6 | | | | | |
| 7 | | | | | |
| 8 | | | | | |
| 9 | | | | | |
| 10 | | | | | |

## 五、检查

### （一）自检

结合本组的任务实施过程，对项目完成情况进行检查，填写表 8-7。

表 8-7 自检

| 检查项目 | 检查结果 |
|---|---|
| 配件摆放是否合理 | 是 □ 否 □ |
| 料位码填写是否正确完整 | 是 □ 否 □ |
| 出入库记录表填写是否正确 | 是 □ 否 □ |

### （二）互检

组与组之间相互进行项目完成情况检查，填写表 8-8。

表 8-8 互检

| 检查项目 | 检查结果 |
|---|---|
| 配件摆放是否合理 | 是 □ 否 □ |
| 料位码填写是否正确完整 | 是 □ 否 □ |
| 出入库记录表填写是否正确 | 是 □ 否 □ |

## 六、课堂小结

# 任务九　库存盘点

| 汽车配件管理任务工单 | | | | |
|---|---|---|---|---|
| 任务描述 | 编写配件号 □ | 计算配件订购量 □ | 订购配件 □ | 验收到货配件 □ |
| | 配件索赔 □ | 仓库分区 □ | 编制料位码 □ | 配件定位码放 □ |
| | 库存盘点 □ | 盘点报告 □ | 配件营销 □ | 配件出库 □ |
| | 其他： | | | |
| 资料选择 | 配件号编制表 □ | 配件采购计算表 □ | 配件订货单 □ | 配件采购合同 □ |
| | 配件网络营销平台 □ | 配件送货单 □ | 配件验收单 □ | 出入库登记表 □ |
| | 汽车配件索赔申请单 □ | 汽车配件外部销售单 □ | 汽车配件出库单 □ | 配件盘点明细表 □ |
| | 盘点报告 □ | 国产汽车零部件组号和分组号编码表 □ | | |
| | 大众系列汽车配件号主组号及子组号编码表 □ | | | |
| | 其他： | | | |

| 配件信息 | 配件类型 | 配件名称 |
|---|---|---|
| | | |
| | | |
| | | |
| | | |
| | | |

| 配件包装检查 | | 配件质量检查 | |
|---|---|---|---|
| 破损 □ |  | 锈蚀 □ |  |
| 脏污 □ | | 损坏 □ | |
| 虫蛀 □ | | 脏污 □ | |
| 腐蚀 □ | | 变形 □ | |

| 明确具体工作任务 | |
|---|---|
| | |

## 一、知识讲解

盘点是每个配件仓库每日都需进行的业务之一。仓库配件的库存数是否与系统记录的数量一致，每日的流动部分是否正确统计，这些都直接关系到公司的利益。每次盘点时都要盘点仓库配件数量、盘点货位、核对账与实物、核对账与账。

### （一）盘点内容（见图 9-1）

清点数目，清扫货物，清扫库房，处理积压品

日盘、周盘、月盘、季盘、半年盘、年盘

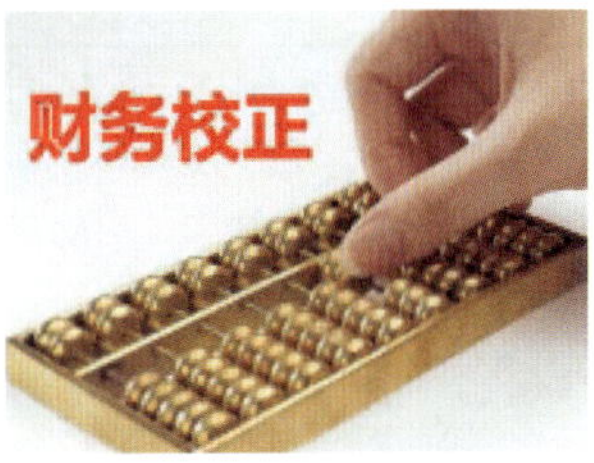


纠正账面实物偏离，避免客户抱怨；发现工作漏洞，减少损失；对盘点中出现的问题进行分析并出具分析报告

能对盘点中出现的问题进行分析并出具分析报告

图 9-1　盘点内容

### （二）盘点的分类

库存盘点主要分为日常盘点和定期盘点。

日常盘点也称为动态盘点，主要是针对每天出入库的配件进行盘点，核实账物是否相符，优点是能够及时发现问题，并进行相应的更正。

定期盘点也称为实地盘点，进行定期盘点的时间间隔由各配件部门根据自身的情况确定，时间间隔可分为周、月、季度、半年或一年，定期盘点的作用是进行所有类别配件的数量盘点，并进行配件质量检查与修整，及时处理呆滞配件，并核对账与实物、核对账与账。

### （三）库存盘点

库存盘点的工作流程见表 9-1。

表 9-1　库存盘点的工作流程

| 序号 | 工作内容 |
|---|---|
| 1 | 制作配件盘点单 |
| 2 | 实际进行盘点确认并记录 |
| 3 | 经理监督抽查 |

续表

| 序号 | 工作内容 |
| --- | --- |
| 4 | 报告有关部门复查 |
| 5 | 检查差异并处理 |
| 6 | 及时更新库存 |
| 7 | 结束 |

## 二、任务准备

### （一）工具准备

| | | |
| --- | --- | --- |
| 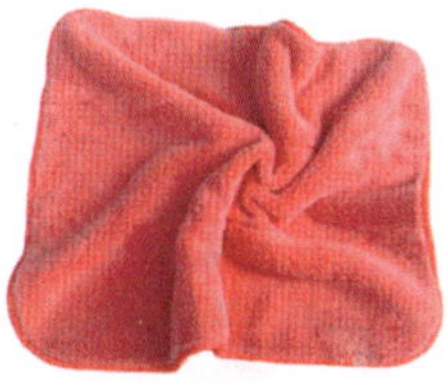 | 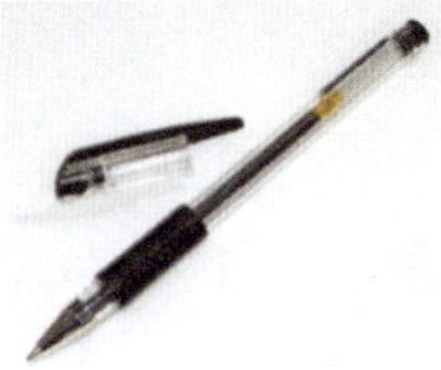 | 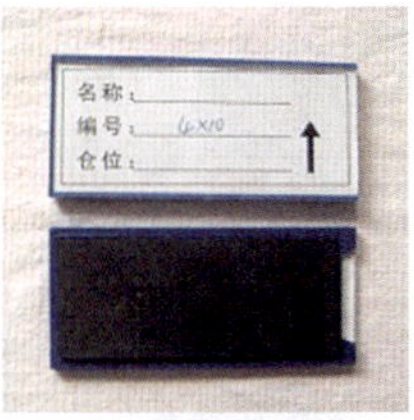 |
| 抹布 | 黑色水笔 | 磁性标签 |
| 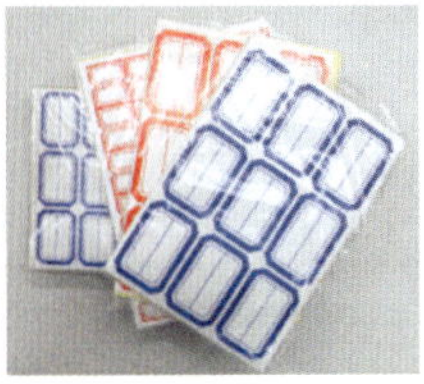 | 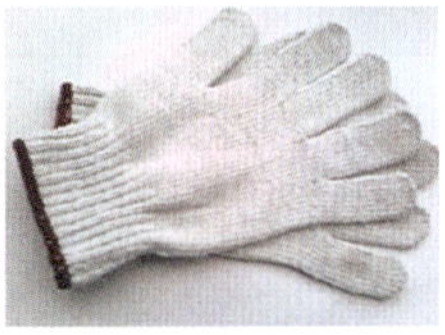 | |
| 口取纸 | 手套 | |

### （二）资料准备

| 配件库盘点明细 | | | | | | |
| --- | --- | --- | --- | --- | --- | --- |
| 序号 | 配件名称 | 配件号 | 个数 | 料位码 | 盘点结果 | 备注 |
| 1 | 机油滤清器 | （L）-KDZ-115-001-00-B01 | 32 | C01-01-05 | ☐ 合格 ☐ 不合格 | |
| 2 | 空气滤清器 | （L）-KDZ-133-001-00-C01 | 19 | C01-02-04 | ☐ 合格 ☐ 不合格 | |
| 3 | 燃油滤清器 | （L）-KDZ-201-001-00-S01 | 25 | C01-03-04 | ☐ 合格 ☐ 不合格 | |
| 4 | 制动片 | （L）-KDZ-615-001-00-B01 | 8 | B01-05-03 | ☐ 合格 ☐ 不合格 | |
| 5 | 蓄电池 | （L）-KDZ-915-001-00-B01 | 5 | A03-05-01 | ☐ 合格 ☐ 不合格 | |
| 6 | 活塞 | （L）-KDZ-107-001-01-Y01 | 6 | C01-01-05 | ☐ 合格 ☐ 不合格 | |
| 7 | 曲轴 | （L）-KDZ-105-001-02-Y01 | 12 | C01-02-04 | ☐ 合格 ☐ 不合格 | |
| 8 | 飞轮 | （L）-KDZ-105-002-01-Y01 | 34 | C01-03-04 | ☐ 合格 ☐ 不合格 | |
| 9 | 气门 | （L）-KDZ-109-002-01-Y01 | 24 | B01-05-03 | ☐ 合格 ☐ 不合格 | |
| 10 | 正时链条 | （L）-KDZ-109-006-01-Y02 | 2 | A03-05-01 | ☐ 合格 ☐ 不合格 | |
| 11 | 气缸盖 | （L）-KDZ-103-002-02-Y01 | 14 | A03-05-01 | ☐ 合格 ☐ 不合格 | |
| 12 | 凸轮轴 | （L）-KDZ-109-002-01-Y01 | 17 | C01-01-05 | ☐ 合格 ☐ 不合格 | |
| 13 | 机油泵 | （L）-KDZ-115-001-01-Y01 | 21 | C01-02-04 | ☐ 合格 ☐ 不合格 | |
| 14 | 正时齿轮 | （L）-KDZ-109-021-01-Y01 | 27 | C01-03-04 | ☐ 合格 ☐ 不合格 | |
| 15 | 节温器 | （L）-KDZ-121-306-02-Y02 | 9 | B01-05-03 | ☐ 合格 ☐ 不合格 | |

续表

| 序号 | 配件名称 | 配件号 | 个数 | 料位码 | 盘点结果 | 备注 |
|---|---|---|---|---|---|---|
| 16 | 发电机 | （L）-KDZ-903-701-01-B01 | 6 | C01-03-04 | □ 合格　□ 不合格 | |
| 17 | 起动机 | （L）-KDZ-911-708-00-B01 | 12 | B01-05-03 | □ 合格　□ 不合格 | |
| 18 | 蓄电池 | （L）-KDZ-915-703-03-B01 | 3 | A03-05-01 | □ 合格　□ 不合格 | |
| 19 | 点火线圈 | （L）-KDZ-904-705-04-B04 | 11 | A03-05-01 | □ 合格　□ 不合格 | |
| 20 | 喇叭继电器 | （L）-KDZ-906-735-01-B01 | 22 | C01-01-05 | □ 合格　□ 不合格 | |
| 21 | ABS 传感器 | （L）-KDZ-927-630-01-B01 | 10 | C01-01-05 | □ 合格　□ 不合格 | |
| 22 | 转向组合开关 | （L）-KDZ-953-634-02-B02 | 15 | C01-02-04 | □ 合格　□ 不合格 | |
| 23 | 喇叭 | （L）-KDZ-951-721-05-B05 | 26 | C01-03-04 | □ 合格　□ 不合格 | |
| 24 | 点火开关 | （L）-KDZ-904-704-01-B01 | 1 | B01-05-03 | □ 合格　□ 不合格 | |

## （三）配件准备

在下列图片中勾选出本组所领取到的配件。

| | | | |
|---|---|---|---|
|  |  | 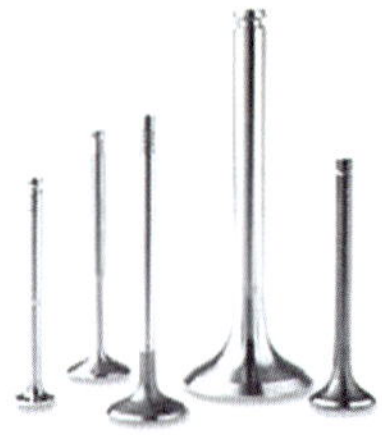 |  |
| 活塞 | 飞轮 | 气门 | 正时链条 |
| | | | |
| 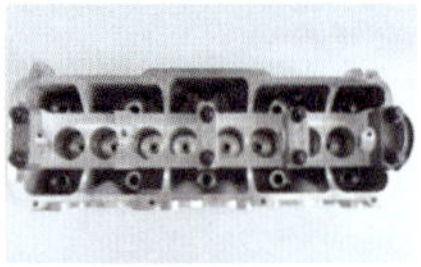 | 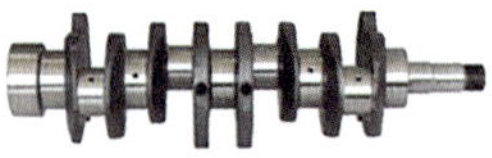 |  |  |
| 气缸盖 | 曲轴 | 凸轮轴 | 机油泵 |
| | | | |
|  |  |  |  |
| 正时齿轮 | 节温器 | 发电机 | 起动机 |
| | | | |
|  | 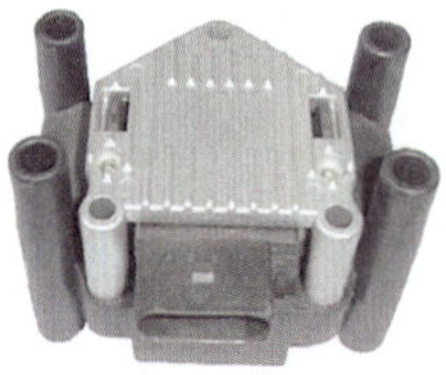 |   |  |
| 蓄电池 | 点火线圈 | 喇叭继电器 | ABS 传感器 |
| | | | |

| | | | |
|---|---|---|---|
| 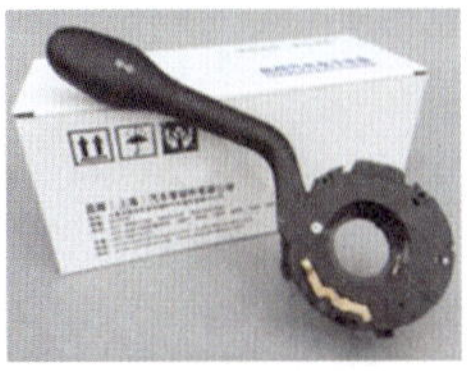 |  |  | 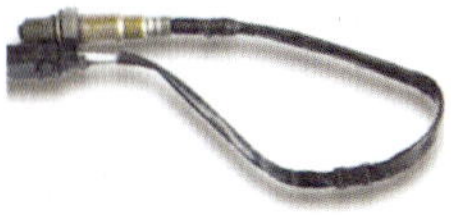 |
| 转向组合开关 | 喇叭 | 点火开关 | 氧传感器 |
| | | | |
| 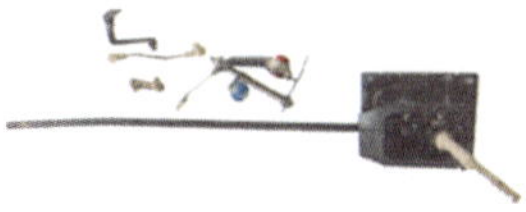 | 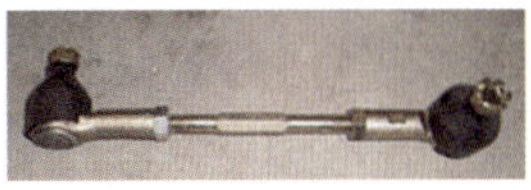 |  |  |
| 变速器换挡机构 | 转向拉杆 | 后减振器 | 动力转向器 |
| | | | |
|  | 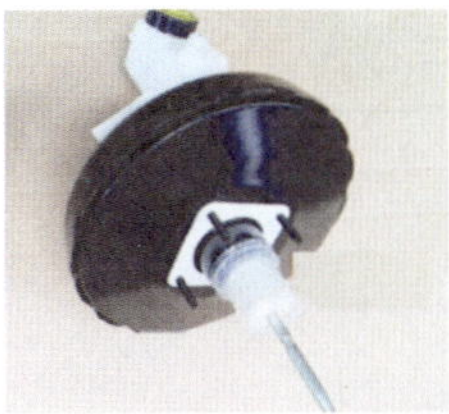 |  | 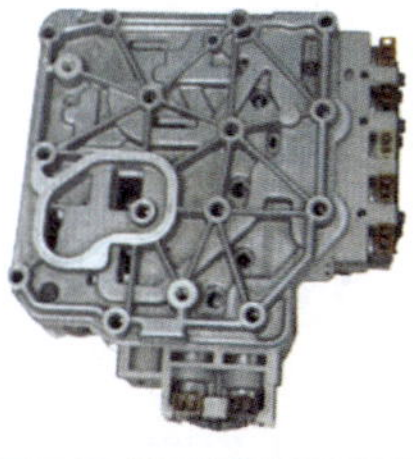 |
| 前制动盘 | 制动助力器 | 轮胎 | 自动变速器阀体 |
| | | | |
|  |  |  | 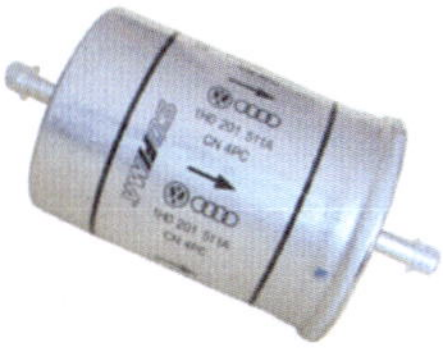 |
| 轮毂 | 变速器齿轮 | 机油滤清器 | 燃油滤清器 |
| | | | |
|  |  | 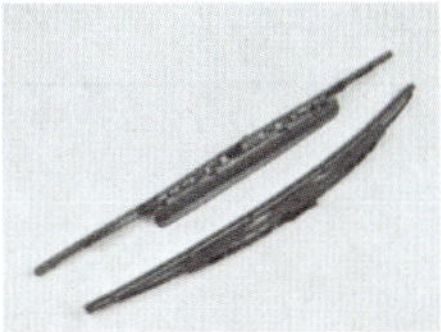 | 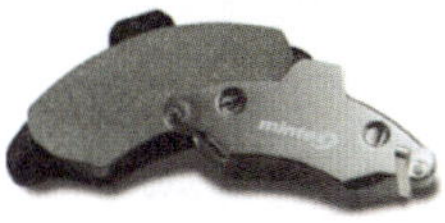 |
| 空气滤清器 | 空调滤清器 | 雨刮片 | 前制动片 |
| | | | |
|  | 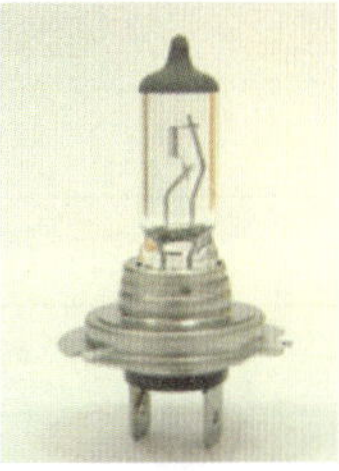 |  |  |
| 火花塞 | 灯泡 | 冷却液 | 传动带 |
| | | | |

## 三、任务分配（见表 9-2）

表 9-2　任务分配表

| 职务 | 代码 | 姓名 | 工作内容 |
|---|---|---|---|
| 组长 | A | | 监督、管理组员工作 |
| 组员 | B | | 准备资料、表格 |
| | C | | |
| | D | | 准备货架、配件 |
| | E | | |
| | F | | |

## 四、任务实施

### （一）实施 1

各组把盘点结果记录在表格内（见表 9–3）。

表 9-3　盘点结果 1

| 序号 | 实施内容 | 实施结果 | 备注 |
|---|---|---|---|
| 1 | 配件数量是否一致 | 是 □　否 □ | |
| 2 | 配件码放位置是否正确 | 是 □　否 □ | |
| 3 | 配件质量是否合格 | 是 □　否 □ | |
| 4 | 配件外包装是否损坏 | 是 □　否 □ | |
| 5 | 配件名称与编号是否一致 | 是 □　否 □ | |

### （二）实施 2

各组把盘点结果记录在表格内（见表 9–4）。

表 9-4　盘点结果 2

| 序号 | 实施内容 | 实施结果 | 备注 |
|---|---|---|---|
| 1 | 配件数量是否一致 | 是 □　否 □ | |
| 2 | 配件码放位置是否正确 | 是 □　否 □ | |
| 3 | 配件质量是否合格 | 是 □　否 □ | |
| 4 | 配件外包装是否损坏 | 是 □　否 □ | |
| 5 | 配件名称与编号是否一致 | 是 □　否 □ | |

## （三）实施 3

各组把盘点结果记录在表格内（见表 9-5）。

表 9-5 盘点结果 3

| 序号 | 实施内容 | 实施结果 | 备注 |
|---|---|---|---|
| 1 | 配件数量是否一致 | 是 □ 否 □ | |
| 2 | 配件码放位置是否正确 | 是 □ 否 □ | |
| 3 | 配件质量是否合格 | 是 □ 否 □ | |
| 4 | 配件外包装是否损坏 | 是 □ 否 □ | |
| 5 | 配件名称与编号是否一致 | 是 □ 否 □ | |

## （四）实施 4

各组把盘点结果记录在表格内（见表 9-6）。

表 9-6 盘点结果 4

| 序号 | 实施内容 | 实施结果 | 备注 |
|---|---|---|---|
| 1 | 配件数量是否一致 | 是 □ 否 □ | |
| 2 | 配件码放位置是否正确 | 是 □ 否 □ | |
| 3 | 配件质量是否合格 | 是 □ 否 □ | |
| 4 | 配件外包装是否损坏 | 是 □ 否 □ | |
| 5 | 配件名称与编号是否一致 | 是 □ 否 □ | |

## （五）实施 5

各组把盘点结果记录在表格内（见表 9-7）。

表 9-7 盘点结果 5

| 序号 | 实施内容 | 实施结果 | 备注 |
|---|---|---|---|
| 1 | 配件数量是否一致 | 是 □ 否 □ | |
| 2 | 配件码放位置是否正确 | 是 □ 否 □ | |
| 3 | 配件质量是否合格 | 是 □ 否 □ | |
| 4 | 配件外包装是否损坏 | 是 □ 否 □ | |
| 5 | 配件名称与编号是否一致 | 是 □ 否 □ | |

# 五、检查

## （一）自检

结合本组的任务实施过程，对项目完成情况进行检查，填写表 9-8。

表 9-8　自检

| 检查项目 | 检查结果 |
|---|---|
| 盘点配件时是否轻拿轻放 | 是 □　否 □ |
| 盘点配件是否有遗漏 | 是 □　否 □ |
| 盘点表填写是否准确 | 是 □　否 □ |
| 组员配合是否默契 | 是 □　否 □ |
| 工作场地是否清洁 | 是 □　否 □ |

## （二）互检

组与组之间相互进行项目完成情况检查，填写表 9-9。

表 9-9　互检

| 检查项目 | 检查结果 |
|---|---|
| 配件是否有损坏 | 是 □　否 □ |
| 盘点配件是否有遗漏 | 是 □　否 □ |
| 盘点表填写是否准确 | 是 □　否 □ |
| 配件名称与编号是否相符 | 是 □　否 □ |
| 工作场地是否清洁 | 是 □　否 □ |

# 六、课堂小结

# 任务十　盘点报告

<table>
<tr><th colspan="4">汽车配件管理任务工单</th></tr>
<tr><td>任务描述</td><td colspan="3">编写配件号 □　计算配件订购量 □　订购配件 □　验收到货配件 □<br>配件索赔 □　仓库分区 □　编制料位码 □　配件定位码放 □<br>库存盘点 □　盘点报告 □　配件营销 □　配件出库 □<br>其他：</td></tr>
<tr><td>资料选择</td><td colspan="3">配件号编制表 □　配件采购计算表 □　配件订货单 □　配件采购合同 □<br>配件网络营销平台 □　配件送货单 □　配件验收单 □　出入库登记表 □<br>汽车配件索赔申请单 □　汽车配件外部销售单 □　汽车配件出库单 □　配件盘点明细表 □<br>盘点报告 □　国产汽车零部件组号和分组号编码表 □<br>大众系列汽车配件号主组号及子组号编码表 □<br>其他：</td></tr>
<tr><td rowspan="6">配件信息</td><td>配件类型</td><td colspan="2">配件名称</td></tr>
<tr><td></td><td colspan="2"></td></tr>
<tr><td></td><td colspan="2"></td></tr>
<tr><td></td><td colspan="2"></td></tr>
<tr><td></td><td colspan="2"></td></tr>
<tr><td></td><td colspan="2"></td></tr>
<tr><th colspan="2">配件包装检查</th><th colspan="2">配件质量检查</th></tr>
<tr><td>破损 □<br>脏污 □<br>虫蛀 □<br>腐蚀 □</td><td></td><td>锈蚀 □<br>损坏 □<br>脏污 □<br>变形 □</td><td>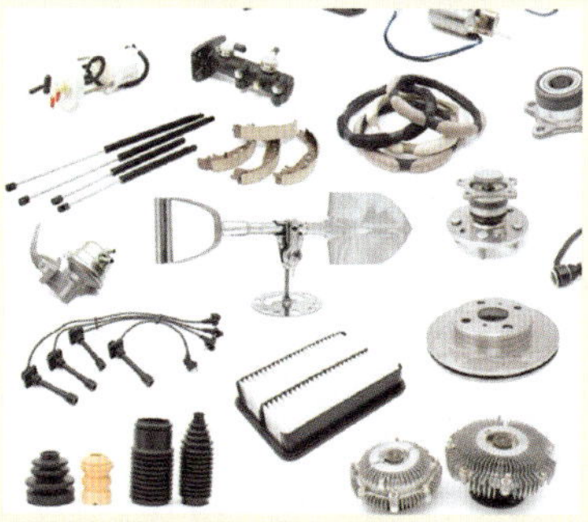</td></tr>
<tr><td>明确具体工作任务</td><td colspan="3"></td></tr>
</table>

## 一、知识讲解

### （一）账面盈亏

盘点结果分为账物相符、账物不符两种情况。账物相符即为仓库实际库存配件种类、数量与账面配件记录数量相符合。账物不符的情况又可以分为盘盈和盘亏，处理方法见表 10–1 和表 10–2。

盘盈是指仓库实际库存配件种类、数量多于账面配件记录数量。盘亏是指仓库实际库存配件种类、数量少于账面配件记录数量。

盘盈的主要原因有串账、开单未领料、出库总成件拆下新件；盘亏的主要原因有借用、漏出单、产品损耗、串账等。

表 10–1 盘盈时处理方法

| 盘盈原因 | 处理办法 | 备注 |
| --- | --- | --- |
| 串账 | 调账 | |
| 开单未领料 | 核查调整账面 | |
| 出库总成件拆下新件 | 核查补单进行登记 | |

表 10–2 盘亏时处理方法

| 盘亏原因 | 处理办法 | 备注 |
| --- | --- | --- |
| 借用 | 核查补单 | |
| 漏出单 | 核查补单 | |
| 产品损耗 | 登记上报 | |
| 串账 | 调账 | |

### （二）滞留件

配件仓库的部分配件，当其库存超过一定时间而未能销售出库，这类配件称为滞留件。

分析滞留件的滞留原因并将相应的处理办法填入下面的表格内（见表 10–3）。

表 10–3 滞留件

| 序号 | 滞留原因 | 滞留件处理办法 |
| --- | --- | --- |
| 1 | 库存不合理，单次订货过多造成未销售完 | 汇报给负责人，财务进行报废处理 |
| 2 | 车型老化停产，该车型配件难以销售 | 低价或打折处理给其他品牌经销商或修理厂 |
| 3 | 事故车订货后最终却未更换 | 与车间做好沟通，遇到维修车辆优先选用 |
| 4 | 订货到店后，客户已经在别店更换 | 与活动搭配打折促销 |

## 二、任务准备

### （一）工具准备

| | |
|---|---|
| 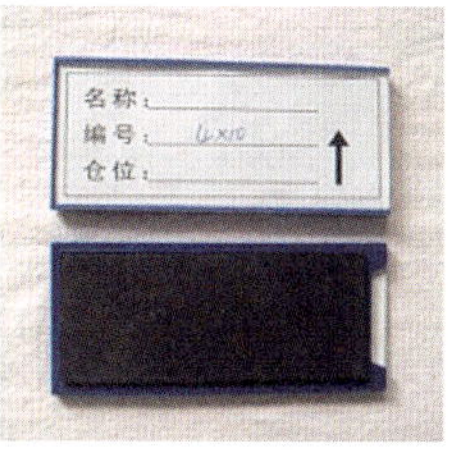 |  |
| 磁性标签 | 黑色水笔 |

### （二）资料准备

配件库盘点明细

| 序号 | 配件名称 | 配件号 | 个数 | 料位码 | 盘点结果 | 备注 |
|---|---|---|---|---|---|---|
| 1 | 机油滤清器 | （L）-KDZ-115-001-00-B01 | 32 | C01-01-05 | □ 合格 □ 不合格 | |
| 2 | 空气滤清器 | （L）-KDZ-133-001-00-C01 | 19 | C01-02-04 | □ 合格 □ 不合格 | |
| 3 | 燃油滤清器 | （L）-KDZ-201-001-00-S01 | 25 | C01-03-04 | □ 合格 □ 不合格 | |
| 4 | 制动片 | （L）-KDZ-615-001-00-B01 | 8 | B01-05-03 | □ 合格 □ 不合格 | |
| 5 | 蓄电池 | （L）-KDZ-915-001-00-B01 | 5 | A03-05-01 | □ 合格 □ 不合格 | |
| 6 | 活塞 | （L）-KDZ-107-001-01-Y01 | 6 | C01-01-05 | □ 合格 □ 不合格 | |
| 7 | 曲轴 | （L）-KDZ-105-001-02-Y01 | 12 | C01-02-04 | □ 合格 □ 不合格 | |
| 8 | 飞轮 | （L）-KDZ-105-002-01-Y01 | 34 | C01-03-04 | □ 合格 □ 不合格 | |
| 9 | 气门 | （L）-KDZ-109-002-01-Y01 | 24 | B01-05-03 | □ 合格 □ 不合格 | |
| 10 | 正时链条 | （L）-KDZ-109-006-01-Y02 | 2 | A03-05-01 | □ 合格 □ 不合格 | |
| 11 | 气缸盖 | （L）-KDZ-103-002-02-Y01 | 14 | A03-05-01 | □ 合格 □ 不合格 | |
| 12 | 凸轮轴 | （L）-KDZ-109-002-01-Y01 | 17 | C01-01-05 | □ 合格 □ 不合格 | |
| 13 | 机油泵 | （L）-KDZ-115-001-01-Y01 | 21 | C01-02-04 | □ 合格 □ 不合格 | |
| 14 | 正时齿轮 | （L）-KDZ-109-021-01-Y01 | 27 | C01-03-04 | □ 合格 □ 不合格 | |
| 15 | 节温器 | （L）-KDZ-121-306-02-Y02 | 9 | B01-05-03 | □ 合格 □ 不合格 | |
| 16 | 发电机 | （L）-KDZ-903-701-01-B01 | 6 | C01-03-04 | □ 合格 □ 不合格 | |
| 17 | 起动机 | （L）-KDZ-911-708-00-B01 | 12 | B01-05-03 | □ 合格 □ 不合格 | |
| 18 | 蓄电池 | （L）-KDZ-915-703-03-B01 | 3 | A03-05-01 | □ 合格 □ 不合格 | |
| 19 | 点火线圈 | （L）-KDZ-904-705-04-B04 | 11 | A03-05-01 | □ 合格 □ 不合格 | |
| 20 | 喇叭继电器 | （L）-KDZ-906-735-01-B01 | 22 | C01-01-05 | □ 合格 □ 不合格 | |
| 21 | ABS 传感器 | （L）-KDZ-927-630-01-B01 | 10 | C01-01-05 | □ 合格 □ 不合格 | |
| 22 | 转向组合开关 | （L）-KDZ-953-634-02-B02 | 15 | C01-02-04 | □ 合格 □ 不合格 | |
| 23 | 喇叭 | （L）-KDZ-951-721-05-B05 | 26 | C01-03-04 | □ 合格 □ 不合格 | |
| 24 | 点火开关 | （L）-KDZ-904-704-01-B01 | 1 | B01-05-03 | □ 合格 □ 不合格 | |

盘点报告

| 日期 | 年 月 日 | | | | | | | | | | | |
|---|---|---|---|---|---|---|---|---|---|---|---|---|
| 配件名称 | 配件编码 | 现库存 | | | 盘盈 | | | 盘亏 | | | 说明 | 负责人 |
| | | 数量 | 单价 | 金额 | 数量 | 单价 | 金额 | 数量 | 单价 | 金额 | | |
| | | | | | | | | | | | | |
| | | | | | | | | | | | | |
| | | | | | | | | | | | | |
| | | | | | | | | | | | | |
| | | | | | | | | | | | | |
| | | | | | | | | | | | | |
| | | | | | | | | | | | | |
| | | | | | | | | | | | | |
| | | | | | | | | | | | | |
| | | | | | | | | | | | | |
| | | | | | | | | | | | | |
| | | | | | | | | | | | | |
| | | | | | | | | | | | | |
| | | | | | | | | | | | | |

### （三）配件准备

在下列图片中勾选出本组所领取到的配件。

| | | | |
|---|---|---|---|
|  |  | 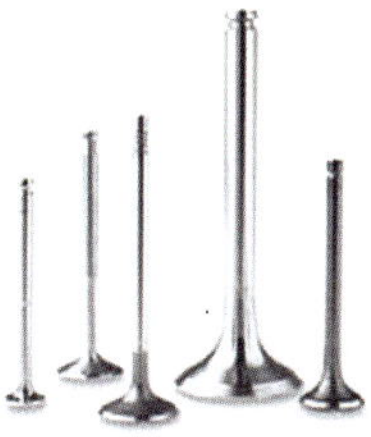 |  |
| 活塞 | 飞轮 | 气门 | 正时链条 |
| | | | |

| | | | |
|---|---|---|---|
| 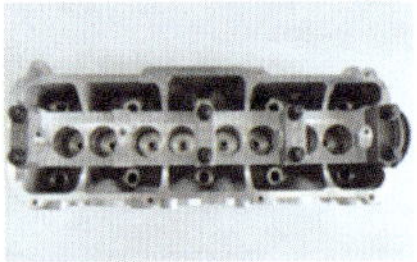 | 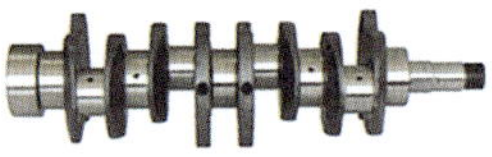 |  |  |
| 气缸盖 | 曲轴 | 凸轮轴 | 机油泵 |
| | | | |
|  |  |  |  |
| 正时齿轮 | 节温器 | 发电机 | 起动机 |
| | | | |
|  | 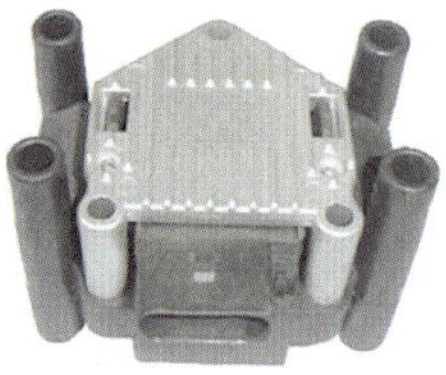 | 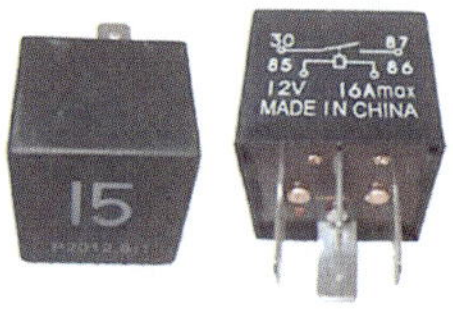 |  |
| 蓄电池 | 点火线圈 | 喇叭继电器 | ABS 传感器 |
| | | | |
| 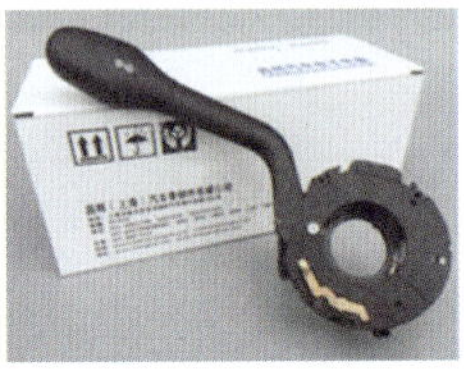 |  |  | 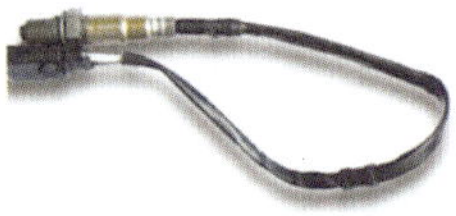 |
| 转向组合开关 | 喇叭 | 点火开关 | 氧传感器 |
| | | | |
| 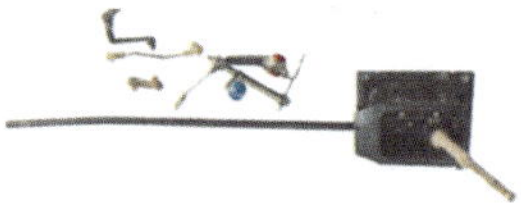 | 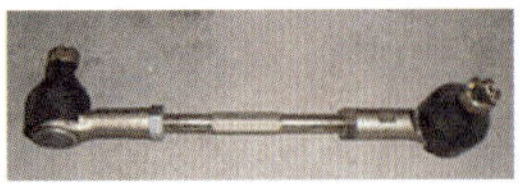 |  | 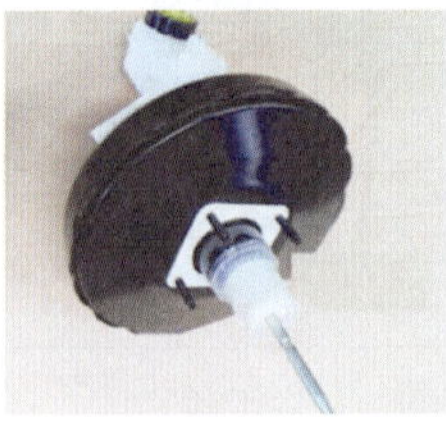 |
| 变速器换挡机构 | 转向拉杆 | 后减振器 | 制动助力器 |
| | | | |

| | | | |
|---|---|---|---|
|  |  |  | 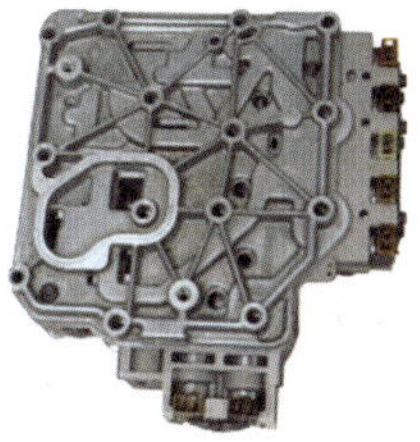 |
| 前制动盘 | 动力转向器 | 轮胎 | 自动变速器阀体 |
| | | | |
|  |  |  |  |
| 轮毂 | 变速器齿轮 | 机油滤清器 | 燃油滤清器 |
| | | | |
|  | 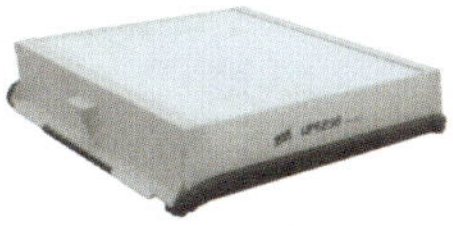 | 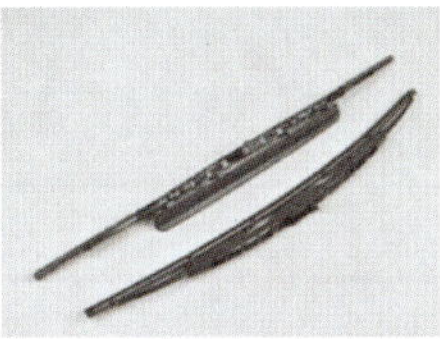 | 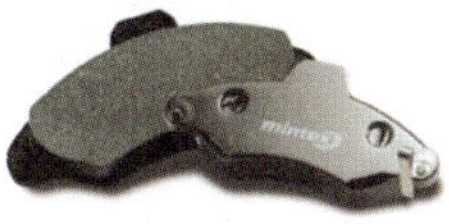 |
| 空气滤清器 | 空调滤清器 | 雨刮片 | 前制动片 |
| | | | |
|  |  |  |  |
| 火花塞 | 灯泡 | 冷却液 | 传动带 |
| | | | |

## 三、任务分配（见表 10-4）

表 10-4　任务分配表

<table>
<tr><th>职务</th><th>代码</th><th>姓名</th><th>工作内容</th></tr>
<tr><td>组长</td><td>A</td><td></td><td>监督、管理组员工作</td></tr>
<tr><td rowspan="2">组员</td><td>B</td><td></td><td rowspan="2">准备资料、表格</td></tr>
<tr><td>C</td><td></td></tr>
</table>

续表

| 职务 | 代码 | 姓名 | 工作内容 |
| --- | --- | --- | --- |
| 组员 | D | | 准备货架、配件 |
| | E | | |
| | F | | |

## 四、任务实施

### （一）实施 1

各组把实施结果记录在表格内，并将配件重新摆放至货架上，完善磁性标签信息（见表 10–5）。

表 10–5　实施 1

| 序号 | 实施内容 | 实施结果 | 处理方法 |
| --- | --- | --- | --- |
| 1 | 配件数量是否一致 | 是 □　否 □ | |
| 2 | 配件盘盈 | 是 □　否 □ | |
| 3 | 配件盘亏 | 是 □　否 □ | |
| 4 | 配件外包装是否损坏 | 是 □　否 □ | |
| 5 | 配件名称与编号是否一致 | 是 □　否 □ | |

### （二）实施 2

各组把实施结果记录在表格内，并将配件重新摆放至货架上，完善磁性标签信息（见表 10–6）。

表 10–6　实施 2

| 序号 | 实施内容 | 实施结果 | 处理方法 |
| --- | --- | --- | --- |
| 1 | 配件数量是否一致 | 是 □　否 □ | |
| 2 | 配件盘盈 | 是 □　否 □ | |
| 3 | 配件盘亏 | 是 □　否 □ | |
| 4 | 配件外包装是否损坏 | 是 □　否 □ | |
| 5 | 配件名称与编号是否一致 | 是 □　否 □ | |

### （三）实施 3

各组把实施结果记录在表格内，并将配件重新摆放至货架上，完善磁性标签信息（见表 10–7）。

表 10–7　实施 3

| 序号 | 实施内容 | 实施结果 | 处理方法 |
| --- | --- | --- | --- |
| 1 | 配件数量是否一致 | 是 □　否 □ | |
| 2 | 配件盘盈 | 是 □　否 □ | |
| 3 | 配件盘亏 | 是 □　否 □ | |

续表

| 序号 | 实施内容 | 实施结果 | 处理方法 |
|---|---|---|---|
| 4 | 配件外包装是否损坏 | 是 □ 否 □ | |
| 5 | 配件名称与编号是否一致 | 是 □ 否 □ | |

### （四）实施 4

各组把实施结果记录在表格内，并将配件重新摆放至货架上，完善磁性标签信息（见表 10–8）。

表 10–8 实施 4

| 序号 | 实施内容 | 实施结果 | 处理方法 |
|---|---|---|---|
| 1 | 配件数量是否一致 | 是 □ 否 □ | |
| 2 | 配件盘盈 | 是 □ 否 □ | |
| 3 | 配件盘亏 | 是 □ 否 □ | |
| 4 | 配件外包装是否损坏 | 是 □ 否 □ | |
| 5 | 配件名称与编号是否一致 | 是 □ 否 □ | |

### （五）实施 5

各组把实施结果记录在表格内，并将配件重新摆放至货架上，完善磁性标签信息（见表 10–9）。

表 10–9 实施 5

| 序号 | 实施内容 | 实施结果 | 处理方法 |
|---|---|---|---|
| 1 | 配件数量是否一致 | 是 □ 否 □ | |
| 2 | 配件盘盈 | 是 □ 否 □ | |
| 3 | 配件盘亏 | 是 □ 否 □ | |
| 4 | 配件外包装是否损坏 | 是 □ 否 □ | |
| 5 | 配件名称与编号是否一致 | 是 □ 否 □ | |

## 五、检查

### （一）自检

结合本组的任务实施过程，对项目完成情况进行检查，填写表 10–10。

表 10–10 自检

| 检查项目 | 检查结果 |
|---|---|
| 盘点配件时是否轻拿轻放 | 是 □ 否 □ |
| 盘点配件是否有遗漏 | 是 □ 否 □ |
| 盘点表填写是否正确 | 是 □ 否 □ |

续表

| 检查项目 | 检查结果 |
| --- | --- |
| 工作场地是否清洁 | 是 □　否 □ |
| 盘盈原因分析及处理方法 | |
| 盘亏原因分析及处理方法 | |

### （二）互检

组与组之间相互进行项目完成情况检查，填写表 10-11。

表 10-11　互检

| 检查项目 | 检查结果 |
| --- | --- |
| 配件是否有损坏 | 是 □　否 □ |
| 盘点配件是否有遗漏 | 是 □　否 □ |
| 盘点表填写是否正确 | 是 □　否 □ |
| 配件盘盈 | 是 □　否 □ |
| 配件盘亏 | 是 □　否 □ |
| 工作场地是否清洁 | 是 □　否 □ |

## 六、课堂小结

______________________________________________

______________________________________________

______________________________________________

# 情境三

# 配件销售

# 任务十一　配件营销

**汽车配件管理任务工单**

**任务描述**

编写配件号 □　计算配件订购量 □　订购配件 □　验收到货配件 □
配件索赔 □　仓库分区 □　编制料位码 □　配件定位码放 □
库存盘点 □　盘点报告 □　配件营销 □　配件出库 □
其他：

**资料选择**

配件号编制表 □　配件采购计算表 □　配件订货单 □　配件采购合同 □
配件网络营销平台 □　配件送货单 □　配件验收单 □　出入库登记表 □
汽车配件索赔申请单 □　汽车配件外部销售单 □　汽车配件出库单 □　配件盘点明细表 □
盘点报告 □　国产汽车零部件组号和分组号编码表 □
大众系列汽车配件号主组号及子组号编码表 □
其他：

**配件信息**

| 配件类型 | 配件名称 |
| --- | --- |
| | |
| | |
| | |
| | |
| | |

**配件包装检查**

破损 □
脏污 □
虫蛀 □
腐蚀 □

**配件质量检查**

锈蚀 □
损坏 □
脏污 □
变形 □

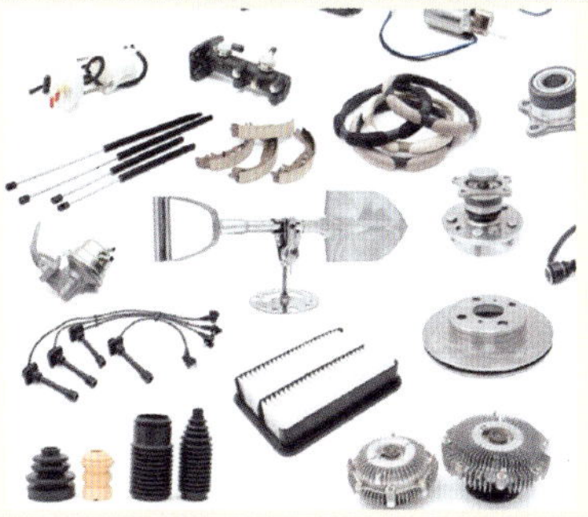

**明确具体工作任务**

# 一、知识讲解

## （一）汽车配件销售的特点

1. 具有较强的专业技术性。
2. 经营品种多样化。
3. 经营必须有相当数量的库存支持。
4. 经营必须有服务相配套。
5. 具有一定的季节性。
6. 具有一定的地域性。

## （二）门市销售

门市销售是通过陈列样品加深顾客对配件的了解，以便于上门选购。此种销售模式对新产品和通用产品能起到极大的宣传作用。

门市销售商品陈列的方式有：橱窗陈列，柜台、货架陈列，壁挂陈列，平地陈列。

商品陈列的要求：

1. 易于顾客辨认，满足客户要求。
2. 库有柜有、明码标价。
3. 定位定量摆放。
4. 分类、分等摆放。
5. 连带商品摆放。

## （三）网络营销

网络营销是指企业通过互联网来宣传自己的产品或服务，实现产品销售的一种模式。网络营销是一种新型的市场营销方式，具有成本低、传播速度快等优点。

# 二、任务准备

## （一）工具准备

| | | |
|---|---|---|
|  | 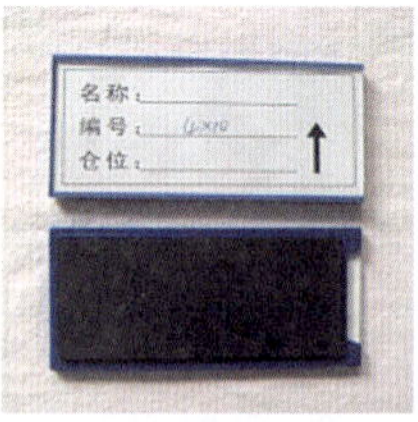 | 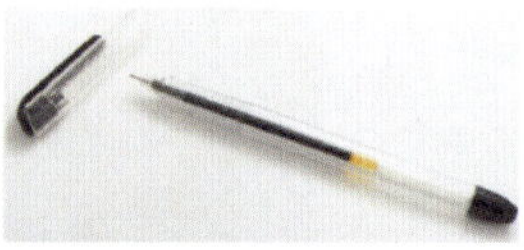 |
| 透明胶带 | 磁性标签 | 黑色水笔 |
| | | |

| | | |
|---|---|---|
|  | 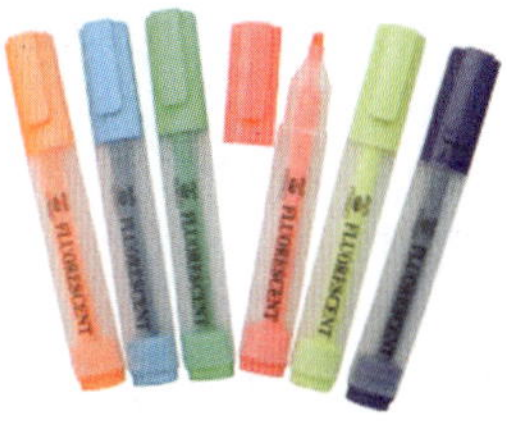 |  |
| 相机 | 荧光笔 | A4 白纸 |
| | | |

## （二）配件准备

在下列图片中勾选出本组所领取到的配件。

| | | | |
|---|---|---|---|
|  |  | 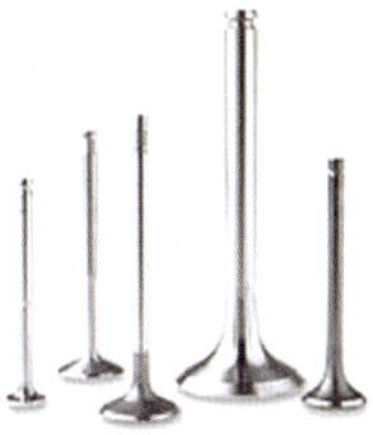 |  |
| 活塞 | 飞轮 | 气门 | 正时链条 |
| | | | |
| 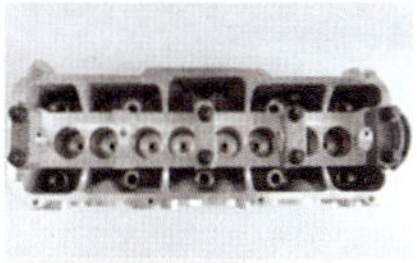 | 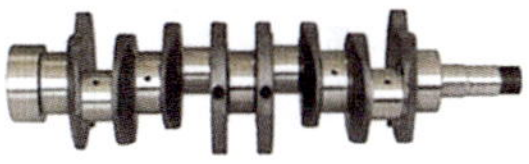 |  |  |
| 气缸盖 | 曲轴 | 凸轮轴 | 机油泵 |
| | | | |
|  |  |  |  |
| 正时齿轮 | 节温器 | 发电机 | 起动机 |
| | | | |
|  | 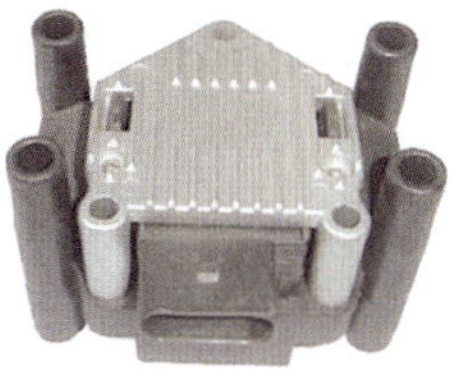 |   |  |
| 蓄电池 | 点火线圈 | 喇叭继电器 | ABS 传感器 |
| | | | |

| | | | |
|---|---|---|---|
| 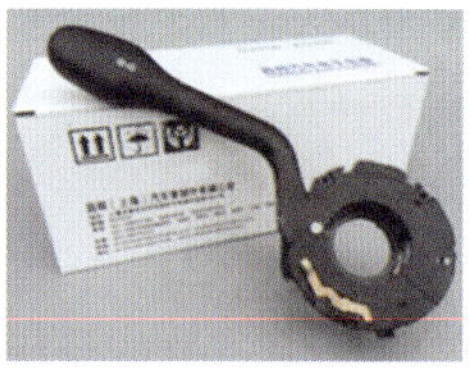 |  |  |  |
| 转向组合开关 | 喇叭 | 点火开关 | 氧传感器 |
| | | | |
| 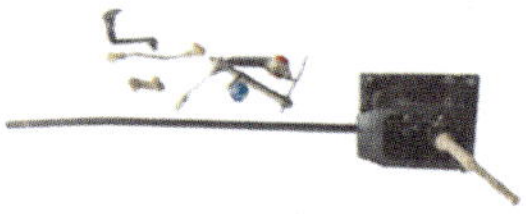 | 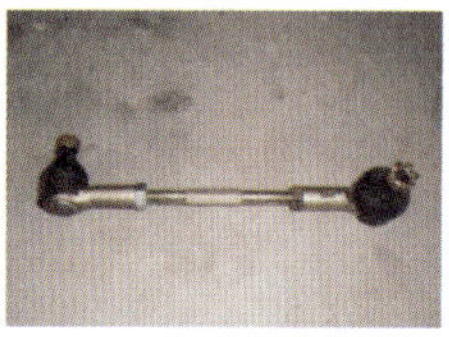 |  | 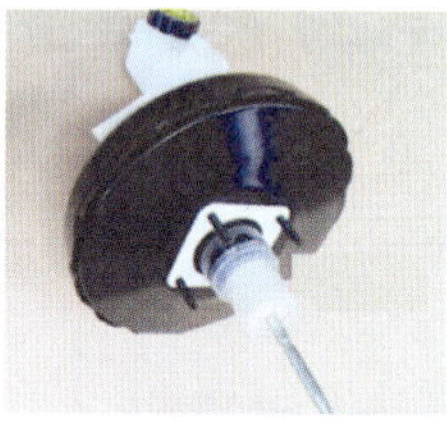 |
| 变速器换挡机构 | 转向拉杆 | 后减振器 | 制动助力器 |
| | | | |
|  |  |  | 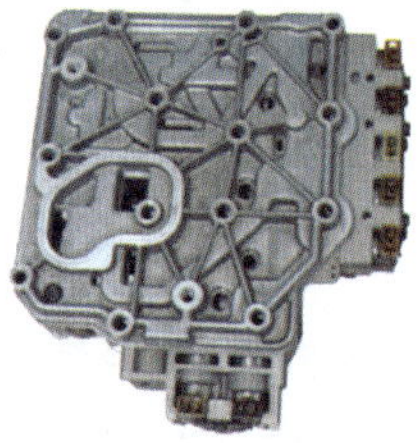 |
| 前制动盘 | 动力转向器 | 轮胎 | 自动变速器阀体 |
| | | | |
|  |  |  |  |
| 轮毂 | 变速器齿轮 | 机油滤清器 | 燃油滤清器 |
| | | | |
|  |  |  | 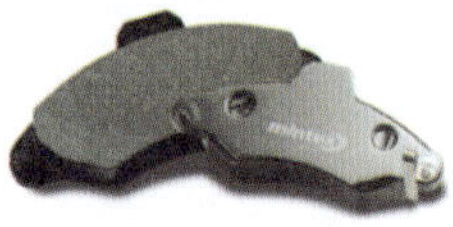 |
| 空气滤清器 | 空调滤清器 | 雨刮片 | 前制动片 |
| | | | |

|  | 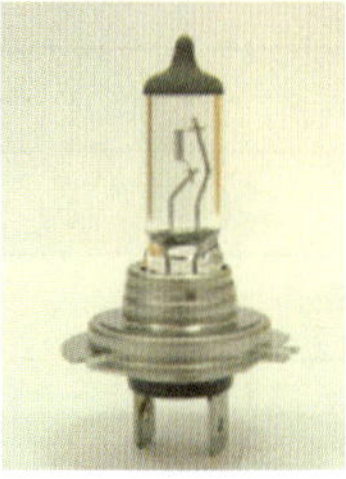 |  |  |
|---|---|---|---|
| 火花塞 | 灯泡 | 冷却液 | 传动带 |
| | | | |

## 三、任务分配（见表 11-1）

表 11-1　任务分配表

| 职务 | 代码 | 姓名 | 工作内容 |
|---|---|---|---|
| 组长 | A | | 监督、管理组员工作 |
| 组员 | B | | 准备工具、设备、单据 |
| | C | | |
| | D | | 领取配件 |
| | E | | |
| | F | | |

## 四、任务实施

各组学员分别布置展示货架，并进行美化、配件摆放、磁性标签的填写等工作，要求重点突出，简洁美观，可以吸引客户眼球。

各组学员分别将分配给小组的配件进行网络营销，并将配件信息填入网络采购平台中。每个小组至少完成 5 个配件的网络营销（以机油滤清器为例，见表 11-2）。

表 11-2　配件网络营销系统

| 配件号和图片 | 配件信息 |
|---|---|
| 机油滤清器（L）-KDZ-115-001-00-B01 | 价格：42 元 / 个　　库存：30 个 |
|  | 品名：机油滤清器 |
| | 品牌：马勒 |
| | 产地：中国 |
| | 规格：独立包装 |
| | 功能：过滤机油中的杂质 |
| | 更换周期：5 000 km |
| | 适用车型：大众汽车、奥迪汽车、斯柯达汽车 |

续表

| 配件号和图片 | 配件信息 |
| --- | --- |
| | |
| | 品名： |
| | 品牌： |
| | 产地： |
| | 规格： |
| | 功能： |
| | 更换周期： |
| | 适用车型： |
| | |
| | 品名： |
| | 品牌： |
| | 产地： |
| | 规格： |
| | 功能： |
| | 更换周期： |
| | 适用车型： |
| | |
| | 品名： |
| | 品牌： |
| | 产地： |
| | 规格： |
| | 功能： |
| | 更换周期： |
| | 适用车型： |
| | |
| | 品名： |
| | 品牌： |
| | 产地： |
| | 规格： |
| | 功能： |
| | 更换周期： |
| | 适用车型： |

续表

| 配件号和图片 | 配件信息 |
| --- | --- |
| | |
| | 品名： |
| | 品牌： |
| | 产地： |
| | 规格： |
| | 功能： |
| | 更换周期： |
| | 适用车型： |
| | |
| | 品名： |
| | 品牌： |
| | 产地： |
| | 规格： |
| | 功能： |
| | 更换周期： |
| | 适用车型： |
| | |
| | 品名： |
| | 品牌： |
| | 产地： |
| | 规格： |
| | 功能： |
| | 更换周期： |
| | 适用车型： |
| | |
| | 品名： |
| | 品牌： |
| | 产地： |
| | 规格： |
| | 功能： |
| | 更换周期： |
| | 适用车型： |

## 五、检查

### （一）自检

结合本组的任务实施过程，对项目完成情况进行检查，填写表 11-3。

表 11-3　自检

| 检查项目 | 检查结果 |
| --- | --- |
| 货架物品摆放是否恰当 | 是 □　否 □ |
| 配件展示内容是否简洁明了 | 是 □　否 □ |
| 配件网络营销内容是否完整 | 是 □　否 □ |
| 配件网络营销内容编制是否正确 | 是 □　否 □ |

### （二）互检

组与组之间相互进行项目完成情况检查，填写表 11-4。

表 11-4　互检

| 检查项目 | 检查结果 |
| --- | --- |
| 货架物品摆放是否恰当 | 是 □　否 □ |
| 配件展示内容是否简洁明了 | 是 □　否 □ |
| 配件网络营销内容是否完整 | 是 □　否 □ |
| 配件网络营销内容编制是否正确 | 是 □　否 □ |

## 六、课堂小结

# 任务十二　配件出库

<table>
<tr><th colspan="5">汽车配件管理任务工单</th></tr>
<tr><td rowspan="4">任务描述</td><td>编写配件号 □</td><td>计算配件订购量 □</td><td>订购配件 □</td><td>验收到货配件 □</td></tr>
<tr><td>配件索赔 □</td><td>仓库分区 □</td><td>编制料位码 □</td><td>配件定位码放 □</td></tr>
<tr><td>库存盘点 □</td><td>盘点报告 □</td><td>配件营销 □</td><td>配件出库 □</td></tr>
<tr><td colspan="4">其他：</td></tr>
<tr><td rowspan="6">资料选择</td><td>配件号编制表 □</td><td>配件采购计算表 □</td><td>配件订货单 □</td><td>配件采购合同 □</td></tr>
<tr><td>配件网络营销平台 □</td><td>配件送货单 □</td><td>配件验收单 □</td><td>出入库登记表 □</td></tr>
<tr><td>汽车配件索赔申请单 □</td><td>汽车配件外部销售单 □</td><td>汽车配件出库单 □</td><td>配件盘点明细表 □</td></tr>
<tr><td>盘点报告 □</td><td colspan="3">国产汽车零部件组号和分组号编码表 □</td></tr>
<tr><td colspan="4">大众系列汽车配件号主组号及子组号编码表 □</td></tr>
<tr><td colspan="4">其他：</td></tr>
</table>

| 配件信息 | 配件类型 | 配件名称 |
|---|---|---|
| | | |
| | | |
| | | |
| | | |
| | | |

<table>
<tr><th colspan="2">配件包装检查</th><th colspan="2">配件质量检查</th></tr>
<tr><td>破损 □</td><td rowspan="4"></td><td>锈蚀 □</td><td rowspan="4"></td></tr>
<tr><td>脏污 □</td><td>损坏 □</td></tr>
<tr><td>虫蛀 □</td><td>脏污 □</td></tr>
<tr><td>腐蚀 □</td><td>变形 □</td></tr>
<tr><td>明确具体工作任务</td><td colspan="3"></td></tr>
</table>

# 一、知识讲解

## （一）配件销售

日常配件销售可分为配件外销（外部销售）和车辆维修发料两种。配件外销是直接将库存中的配件销售给客户，库存中配件数量减少。车辆维修发料是车辆进站维修保养需更换配件，配件库根据委托书等凭证发送配件。

## （二）配件外销

配件外销的工作流程：

1. 记录客户需求。
2. 查询系统是否有配件。
3. 有配件，打印外部销售单（见表 12-1）；没有配件，及时订购。
4. 记录出库信息。
5. 客户交费、提货并检查。

表 12-1　汽车配件外部销售单

| 汽车配件外部销售单 | | | | | | |
|---|---|---|---|---|---|---|
| 车牌号 | | 车型 | | VIN 码 | | |
| 客户姓名 | | 联系电话 | | 出库日期 | | |
| 序号 | 配件名称 | 配件号 | 数量 | 单价 | 金额 | 料位码 |
| | | | | | | |
| | | | | | | |
| 合计金额： | | | | | | |
| 发料人 | | 制单人 | | 日期 | | |

## （三）车辆维修发料

车辆维修发料的流程：

1. 提供任务委托书等凭证。
2. 审核维修项目。
3. 确定维修项目所需配件。
4. 填写出库单（见表 12-2）并准备配件。
5. 提货并检查配件。
6. 发货人与领料人签字确认。
7. 单据存档。

表 12-2　汽车配件出库单

| 汽车配件出库单 | | | | | | |
|---|---|---|---|---|---|---|
| 车牌号 | | 车型 | | VIN 码 | | |
| 客户姓名 | | | 联系电话 | | | |
| 序号 | 配件名称 | 配件号 | 数量 | 单价 | 金额 | 料位码 |
| | | | | | | |
| | | | | | | |
| | | | | | | |
| 出库日期： | | | 发料人： | | 领料人： | |

### （四）销售退货

顾客对已销售的配件按销售单进行退货处理的过程，销售退货使库存中配件数量增加。

## 二、任务准备

### （一）资料准备

| 汽车配件外部销售单 | | | | | | |
|---|---|---|---|---|---|---|
| 车牌号 | | 车型 | | VIN 码 | | |
| 客户姓名 | | 联系电话 | | 出库日期 | | |
| 序号 | 配件名称 | 配件号 | 数量 | 单价 | 金额 | 料位码 |
| | | | | | | |
| | | | | | | |
| 合计金额： | | | | | | |
| 发料人 | | 制单人 | | 日期 | | |

| 汽车配件出库单 | | | | | | |
|---|---|---|---|---|---|---|
| 车牌号 | | 车型 | | VIN 码 | | |
| 客户姓名 | | | 联系电话 | | | |
| 序号 | 配件名称 | 配件号 | 数量 | 单价 | 金额 | 料位码 |
| | | | | | | |
| | | | | | | |
| | | | | | | |
| 出库日期： | | | 发料人： | | 领料人： | |

### （二）配件准备

在下列图片中勾选出本组所领取到的配件。

| | | | |
|---|---|---|---|
|  |  |  |  |
| 活塞 | 飞轮 | 气门 | 正时链条 |
| | | | |
| 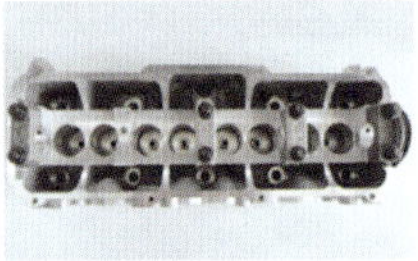 | 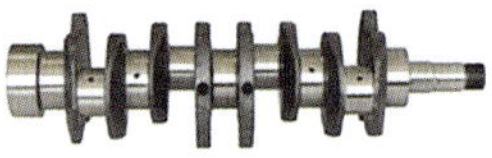 |  |  |
| 气缸盖 | 曲轴 | 凸轮轴 | 机油泵 |
| | | | |
|  |  |  |  |
| 正时齿轮 | 节温器 | 发电机 | 起动机 |
| | | | |
|  | 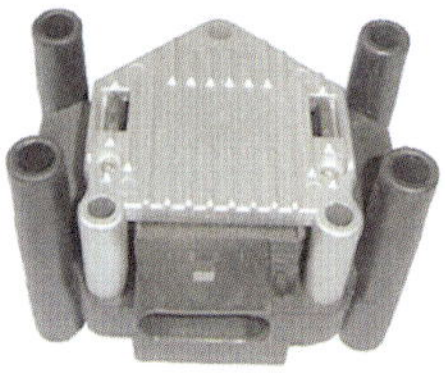 |  |  |
| 蓄电池 | 点火线圈 | 喇叭继电器 | ABS 传感器 |
| | | | |
| 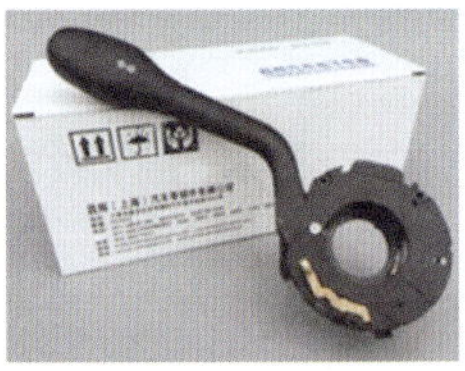 |  |  | 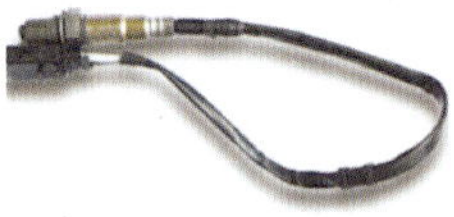 |
| 转向组合开关 | 喇叭 | 点火开关 | 氧传感器 |
| | | | |
| 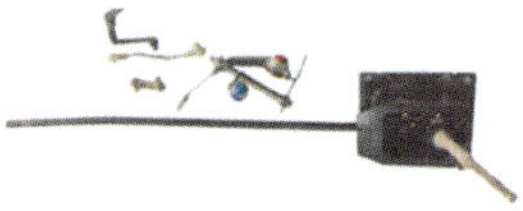 | 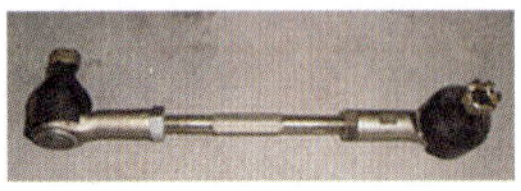 |  |  |
| 变速器换挡机构 | 转向拉杆 | 后减振器 | 动力转向器 |
| | | | |

| | | | |
|---|---|---|---|
|  | 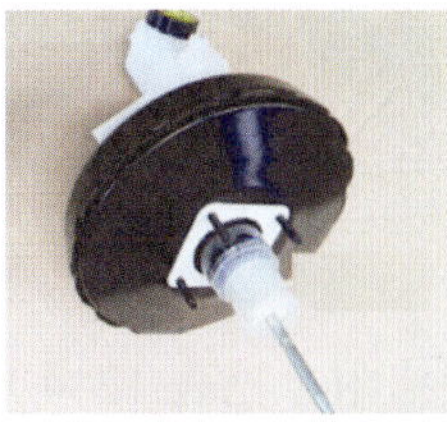 |  | 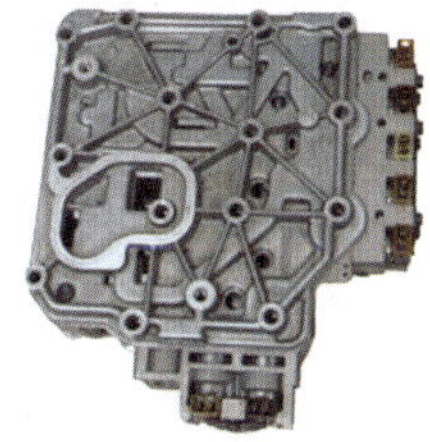 |
| 前制动盘 | 制动助力器 | 轮胎 | 自动变速器阀体 |
| | | | |
|  |  | 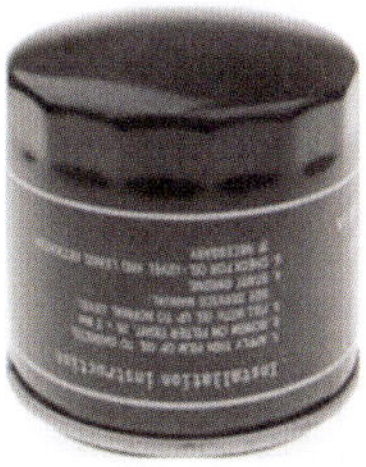 |  |
| 轮毂 | 变速器齿轮 | 机油滤清器 | 燃油滤清器 |
| | | | |
|  | 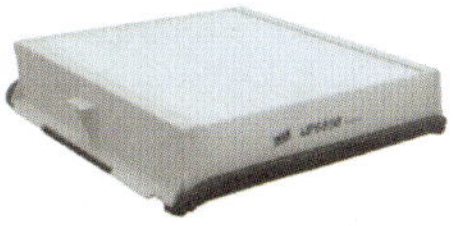 | 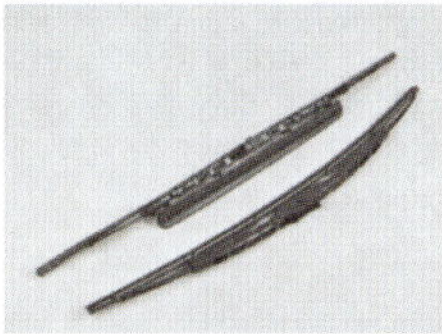 |  |
| 空气滤清器 | 空调滤清器 | 雨刮片 | 前制动片 |
| | | | |
|  |  |  |  |
| 火花塞 | 灯泡 | 冷却液 | 传动带 |
| | | | |

## 三、任务分配（见表 12-3）

表 12-3 任务分配表

| 职务 | 代码 | 姓名 | 工作内容 |
|---|---|---|---|
| 组长 | A | | 监督、管理组员工作 |
| 组员 | B | | 准备工具、设备 |
| | C | | |
| | D | | 检查货架上配件种类、个数、配件号、料位码 |
| | E | | |
| | F | | |

## 四、任务实施

### （一）实施 1

结合下列案例进行配件外销和配件出库，并填入表格中（见表 12–4）。

表 12–4 实施 1

<table>
<tr><td colspan="2">牌照号</td><td colspan="2">京 A12345</td><td colspan="2">车型</td><td>捷达</td></tr>
<tr><td colspan="2">VIN 码</td><td colspan="2">LFV3A23C483047261</td><td colspan="2">发动机号</td><td>18736</td></tr>
<tr><td colspan="2">行驶里程</td><td colspan="2">85 000 km</td><td colspan="2">生产日期</td><td>2012 年 5 月 14 日</td></tr>
<tr><td colspan="2">车主姓名</td><td colspan="2">× × ×</td><td colspan="2">联系电话</td><td>136451823 × ×</td></tr>
<tr><td colspan="7">车辆行驶 85 000 km，需要更换制动片，车辆到站维修，请选择恰当的销售模式为该车辆进行配件销售</td></tr>
<tr><td colspan="7">汽车配件外部销售单</td></tr>
<tr><td>车牌号</td><td></td><td>车型</td><td></td><td>VIN 码</td><td colspan="2"></td></tr>
<tr><td>客户姓名</td><td></td><td>联系电话</td><td></td><td>出库日期</td><td colspan="2"></td></tr>
<tr><td>序号</td><td>配件名称</td><td>配件号</td><td>数量</td><td>单价</td><td>金额</td><td>料位码</td></tr>
<tr><td></td><td></td><td></td><td></td><td></td><td></td><td></td></tr>
<tr><td></td><td></td><td></td><td></td><td></td><td></td><td></td></tr>
<tr><td></td><td></td><td></td><td></td><td></td><td></td><td></td></tr>
<tr><td colspan="7">合计金额：</td></tr>
<tr><td>发料人</td><td></td><td>制单人</td><td></td><td>日期</td><td colspan="2"></td></tr>
<tr><td colspan="7">汽车配件出库单</td></tr>
<tr><td>车牌号</td><td></td><td>车型</td><td></td><td>VIN 码</td><td colspan="2"></td></tr>
<tr><td>客户姓名</td><td colspan="2"></td><td>联系电话</td><td colspan="3"></td></tr>
<tr><td>序号</td><td>配件名称</td><td>配件号</td><td>数量</td><td>单价</td><td>金额</td><td>料位码</td></tr>
<tr><td></td><td></td><td></td><td></td><td></td><td></td><td></td></tr>
<tr><td></td><td></td><td></td><td></td><td></td><td></td><td></td></tr>
<tr><td></td><td></td><td></td><td></td><td></td><td></td><td></td></tr>
<tr><td colspan="3">出库日期：</td><td colspan="2">发料人：</td><td colspan="2">领料人：</td></tr>
</table>

## （二）实施 2

结合下列案例进行配件外销和配件出库，并填入表格中（见表 12-5）。

表 12-5 实施 2

| 牌照号 | 京 A12345 | 车型 | 捷达 |
|---|---|---|---|
| VIN 码 | LFV3A23C483047261 | 发动机号 | 18736 |
| 行驶里程 | 85 000 km | 生产日期 | 2012 年 5 月 14 日 |
| 车主姓名 | ××× | 联系电话 | 136451823×× |

车辆行驶 85 000 km，停车之后忘记关前照灯导致蓄电池亏电损坏，无法正常使用，需要更换蓄电池。请选择恰当的销售模式为该车辆进行配件销售

| 汽车配件外部销售单 | | | | | | |
|---|---|---|---|---|---|---|
| 车牌号 | | 车型 | | VIN 码 | | |
| 客户姓名 | | 联系电话 | | 出库日期 | | |
| 序号 | 配件名称 | 配件号 | 数量 | 单价 | 金额 | 料位码 |
| | | | | | | |
| | | | | | | |
| | | | | | | |
| 合计金额： | | | | | | |
| 发料人 | | 制单人 | | 日期 | | |

| 汽车配件出库单 | | | | | | |
|---|---|---|---|---|---|---|
| 车牌号 | | 车型 | | VIN 码 | | |
| 客户姓名 | | | 联系电话 | | | |
| 序号 | 配件名称 | 配件号 | 数量 | 单价 | 金额 | 料位码 |
| | | | | | | |
| | | | | | | |
| | | | | | | |
| | | | | | | |
| 出库日期： | | 发料人： | | | 领料人： | |

## （三）实施 3

结合下列案例进行配件外销和配件出库，并填入表格中（见表 12-6）。

表 12-6 实施 3

| | | | |
|---|---|---|---|
| 牌照号 | 京 A54321 | 车型 | 捷达 |
| VIN 码 | LFV3A23C483047262 | 发动机号 | 20110 |
| 行驶里程 | 75 000 km | 生产日期 | 2012 年 8 月 15 日 |
| 车主姓名 | × × × | 联系电话 | 1385401 × × × × |
| 车辆倒车时撞到墙上，右后尾灯损坏需更换。请选择恰当的销售模式为该车辆进行配件销售 | | | |

| 汽车配件外部销售单 | | | | | | |
|---|---|---|---|---|---|---|
| 车牌号 | | 车型 | | VIN 码 | | |
| 客户姓名 | | 联系电话 | | 出库日期 | | |
| 序号 | 配件名称 | 配件号 | 数量 | 单价 | 金额 | 料位码 |
| | | | | | | |
| | | | | | | |
| | | | | | | |
| 合计金额： | | | | | | |
| 发料人 | | 制单人 | | 日期 | | |

| 汽车配件出库单 | | | | | | |
|---|---|---|---|---|---|---|
| 车牌号 | | 车型 | | VIN 码 | | |
| 客户姓名 | | | 联系电话 | | | |
| 序号 | 配件名称 | 配件号 | 数量 | 单价 | 金额 | 料位码 |
| | | | | | | |
| | | | | | | |
| | | | | | | |
| 出库日期： | | | 发料人： | | 领料人： | |

# 五、检查

## （一）自检

结合本组的任务实施过程，对项目完成情况进行检查，填写表 12–7。

表 12–7 自检

| 检查项目 | 检查结果 |
|---|---|
| 是否能够正确为客户提供配件 | 是 □ 否 □ |
| 是否能够正确选择配件销售类型 | 是 □ 否 □ |
| 是否能够正确填写单据 | 是 □ 否 □ |

## （二）互检

组与组之间相互进行项目完成情况检查，填写表 12–8。

表 12–8 互检

| 检查项目 | 检查结果 |
|---|---|
| 是否能够正确为客户提供配件 | 是 □ 否 □ |
| 是否能够正确选择配件销售类型 | 是 □ 否 □ |
| 是否能够正确填写单据 | 是 □ 否 □ |

# 六、课堂小结